Victoire sur l'excision

Hubert Prolongeau

Victoire sur l'excision

Pierre Foldes, le chirurgien qui
redonne l'espoir aux femmes mutilées

Préface de Bernard Kouchner

Albin Michel

© Editions Albin Michel, 2006

A Jean-Antoine Robein (†)

P. F.

A Lotfi, Nihal, Denis, Nadine... mes amis d'Egypte

H. P.

Préface

par Bernard Kouchner

Peut-on les laisser souffrir ? Oui, puisqu'il s'agit d'une culture différente de la nôtre, répondait l'immense chœur des conformistes. Hélas, soupiraient les médecins, ce ne sont pas *nos* malades. A qui appartient le malheur des autres ? Doit-on laisser s'étioler ces fillettes meurtries ? Non, répond Pierre Foldes, chirurgien du monde : les souffrances des femmes ne connaissent pas les frontières.

Cent trente millions de femmes excisées sur la planète. Ces statistiques massives masquent les réalités humaines : la douleur brise ces mutilées une par une. Pierre Foldes a pris dans ses mains la souffrance et reçu en plein cœur les plaintes balbutiées. Il aurait pu, comme c'était la tradition, soigner et se taire. Il commença, à ses dépens, de penser différemment. Il devint un militant. Inventer la chirurgie réparatrice de l'excision, c'était bien. Tenter de prévenir l'excision, c'était plus risqué. Pierre Foldes, praticien et témoin, modèle des « french doctors », entreprit de découvrir, de comprendre, de refuser et d'agir. Pour des raisons médicales et des motifs humains, il choisit de s'ingérer. C'est ce que nous raconte Hubert Prolongeau, qui signe là non pas un simple récit d'admirateur, mais un beau livre, écrit d'une plume de maître, utile et convaincant.

Découvrir

Ce n'est pas que de la médecine, c'est aussi de l'engagement. Pierre Foldes, chirurgien, longtemps missionnaire, entretient ce rituel des fraternités. Tri des blessés à Tel el-Zaatar, comme à Sarajevo. Opérer, apprendre aux autres à tenir un écarteur, à faire partie d'une équipe et puis rentrer en France et s'étonner des hostilités et des haines partisanes. Faut-il s'opposer pour survivre, se demande-t-il ?

Pierre Foldes remarque les ravages des mutilations sexuelles à la Réunion pendant son service militaire, puis à Madagascar et surtout au Burkina-Faso. « Bénévole, oui, mais surtout volontaire », insiste-t-il. Il traque la souffrance sans bousculer les cultures qui sont les paravents des dominations masculines, mais sans s'en laisser conter.

Dans la nuit africaine, depuis des siècles, on réveille des fillettes que rien n'a préparées, on les prend par la main, on les assoit, on les couche, on les maintient de force et les couteaux se lèvent, le sang coule et se forment les cicatrices qui feront de ces femmes, demain, des plaies permanentes et des mutilées de la vie procréant sans plaisir, des machines à fabriquer des enfants pour la retraite des mâles.

Au cours d'une de ses missions à Ouagadougou, sa vie bascule. Mme Issatou, sa première malade, se tient devant lui, qui le consulte pour des douleurs insuppor-

Préface

tables. Il s'aperçoit que l'excision sclérose la vulve, rendant l'accouchement encore plus difficile chez ces femmes au bassin étroit. Il se rue sur les livres, recherche dans les publications médicales et ne découvre rien. Pas même dans les livres les plus célèbres. Le clitoris est ignoré des anatomistes, comme « excisé » par notre culture. Il cherche encore, il veut pouvoir soulager, gommer ces cicatrices scléreuses, soulager les peines, réparer les dommages de l'excision. Négligeant les menaces des ennemis, rejetant les conseils de prudence des faux amis, il avance vers la thérapeutique salvatrice qui lui vaudra de devenir le pionnier admiré de cette chirurgie humanitaire.

Que faisait l'OMS[1] ? Certains se contentaient de citer ces pratiques au passage, sans insister, en évoquant une « blessure symbolique ». En termes onusiens pudiques, on appela longtemps cette boucherie la « circoncision féminine », puis on changea de vocabulaire pour évoquer une « mutilation génitale » féminine et la guerre à ces pratiques fut enfin déclarée. On suivra dans ce livre érudit qui se lit comme un roman d'aventures les méandres et les contorsions de l'organisme officiel de l'ONU en charge de la santé jusqu'à la réunion du Caire en 1995 et, la même année, à Pékin, Conférence des femmes, lors de laquelle Hillary Clinton assimila l'excision à un « geste de torture ».

---

1. Organisation mondiale de la santé.

Victoire sur l'excision

Comprendre

97 % des Egyptiennes sont excisées. Musulmanes et chrétiennes. C'est le chiffre officiel en 2000. Le pays le plus touché par ces ravages, au côté de l'Egypte, est l'Ethiopie, nation chrétienne. Cent trente millions de femmes excisées sur la planète. La sauvagerie se répète à raison de quatre mutilations par minute.
Cette pratique n'est donc pas liée à l'islam qui réagit parfois fortement contre ces coutumes barbares. Ce livre souligne l'obstination de certaines femmes – et non des moindres, ministres de la Santé ou militantes féministes – contre les habitudes des hommes et des religieux de leurs pays. Le combat de Mme Moubarak en Egypte et de Mme Compaoré au Burkina, de leurs disciples et des volontaires des ONG, y forment comme une chanson de geste.
Pourquoi l'excision ? Pour préserver la virginité, réprimer la sexualité féminine, maintenir la tradition, maintenir la cohésion sociale ? Un long passage est consacré à ce thème dans ce livre, qui analyse le passage initiatique, l'esthétique, l'explication mythique, la théorie de la bisexualité originelle et, bien sûr, la religion. En cette période de défense des traditions, au moment même où elles disparaissent, les pièges abondent que le docteur Foldes doit éviter.
Ces mutilations sont interdites en France, où l'on estime que trente-cinq mille fillettes sont menacées. Et pourtant, on transgresse encore ces interdits occidentaux. On passe outre la loi et certaines familles émigrées trouvent une ogresse payée pour opérer

Préface

dans une cave. Ou on choisit d'envoyer la fillette ou l'adolescente à marier au pays pour y être excisée. La pauvre aura avec sa contrée d'origine un premier contact sanglant et douloureux.

Refuser

Pierre Foldes a travaillé dans le mouroir de Mère Teresa. Il y a découvert le dévouement d'Agnès Gonxha Bojaxhiu, sa détermination à protéger les mourants contre toutes les indifférences ethniques. Il sait que la parole protège. Il secoue, lui aussi, les indifférences devant les mutilations sexuelles : droits de l'homme et droits des femmes, à égalité. Ne pas fuir, jamais, devant les responsabilités. Ni en Birmanie devant les militaires au pouvoir, qui utilisent le travail forcé et répandent le sida par la culture du pavot dont on tire l'héroïne. Ni au Mali ou à Sarajevo, où il faut accepter certaines contraintes pour être utile au plus grand nombre. Parler de ce que l'on connaît. Qui donc nous a commis ? Personne et c'est ce qui fait notre force.

Agir

Couper un clitoris, mutiler les grandes lèvres, coudre cela ensemble et rouvrir au couteau pour les grossesses, c'est démolir une femme entière. Foldes a choisi de s'ingérer, de s'occuper du malheur des autres. Il aborde alors la solitude, une période d'illégalité féconde et dangereuse. On le menace, il poursuit sa route. Des hommes le visitent, armés de couteaux. Il frissonne, ne

Victoire sur l'excision

cède pas. La mort assumée fait partie du jeu, il l'a appris au cours de toutes ses missions de guerre.

Reconstruire

Donner à la femme, par le plaisir, des sensations autres que la peur et la violence, la gratifier d'autre chose que son poids de marchandise et de maternité. Il opère et sa recherche médicale, sa technique chirurgicale réparatrice commence à intéresser. Il fait des émules, l'ONU s'intéresse à sa pratique. Il publie ses séries impressionnantes de succès. Dans près de 80 % des cas, la femme ne souffre plus après l'intervention. Elle retrouve des sensations élémentaires. Il devient un de ces grands chirurgiens qui ont fait avancer les conceptions anciennes, qui ont innové dans leurs domaines.

Changer la loi

Pierre Foldes n'est pas seulement un technicien mais aussi un citoyen du monde. Le monde s'ouvre, la loi évolue, on désapprouve les pratiques mutilantes en France et bientôt on les combat. Des procès viennent devant les tribunaux français. Pierre Foldes croit à la nécessité de ces procès. Il faut rendre les parents responsables. On veut le protéger. Il refuse. Faut-il accorder l'asile politique en cas de menaces d'excision ? Oui, dit le Dr Foldes. Récompense suprême : Foldes reçoit deux exciseuses, l'une a mutilé sans anesthésie six mille malheureuses femmes maintenues de force par des bras complices et l'autre huit cents. Elles

Préface

viennent pour apprendre les conséquences de leurs actes : « Nous aussi, vous nous aiderez à nous reconstruire », disent-elles. Autre démarche triomphante de Foldes : convaincre, en France, la Sécurité sociale de rembourser l'acte chirurgical, scellant cette opération dans nos évidences occidentales.

Au début, un acte médical « hippocratique » : on soulage, comme on le fait en France. Puis on découvre que toutes les souffrances nous appartiennent. En médecine, la globalisation sera positive. Elle l'est déjà.

Pierre Foldes, l'éclaireur de pointe, a convaincu. Mais il n'a pas encore gagné, le chemin sera long. Les « french doctors » n'ont pas fini de changer nos visions. La volonté des Médecins sans frontières et des Médecins du monde commencent à imposer l'idée d'un bien public mondial qui serait la santé du monde. Un concept s'impose, plus large : Malades sans frontières...

Bernard Kouchner

Introduction

On voudrait donner à entendre les cris de l'enfant, ce hurlement désespéré qui roule, répété de plus en plus bas tant l'épuisement devient visible, ce déchirement de tout l'être lancé vers une foule qui l'ignore, cette entêtante stridence qui monte en vain dans le ciel brûlant... Ce cri, j'ai eu la chance de ne jamais l'entendre. Mais j'ai pu voir quelqu'un le pousser sur la cassette d'un film qui eut son importance en Afrique dans la lutte contre l'excision. Il s'appelle *La duperie*, et a été réalisé par un dénommé Antoine Hess pour le Comité interafricain. Parmi ces images se trouvent, celles, terribles, de la mutilation au Nigeria d'une petite fille par un docteur, que l'enseigne dessinée de son cabinet qualifie de *native doctor*. L'acte a lieu dans la rue. L'enfant a moins d'un an. Sa mère lui tient les bras, pendant qu'une autre personne lui bloque les jambes. Le docteur opère avec une simple lame, une sorte de couteau oblong et à manche court. La fillette est nue, déjà couverte du sang à peine sec des scarifications qu'elle vient de subir. Sa voix, qui n'est plus qu'un mince filet, traduit son extrême fatigue. Elle s'apaise à peine, quand le docteur s'approche de son sexe. De la main gauche, il tente d'isoler le clitoris, difficile à saisir dans cette partie un peu grasse. La lame incise. L'enfant recommence à hurler. La main de sa mère se fait plus ferme sur ses bras. Le docteur se trompe, se reprend, recommence. On n'y voit pas très bien, tant ses doigts, larges, contrastent avec la finesse de ce qu'il essaie de saisir. Mais enfin ça y est : après plusieurs tentatives, il a réussi à couper un lambeau de peau qu'il montre à la mère.

Ce cri, le docteur Pierre Foldes ne l'a jamais entendu non plus : tout au plus a-t-il une fois assisté à la « fête » suivant une excision non loin de Bobo-Dioulasso, au Burkina-Faso, notant d'ailleurs essentiellement le côté gêné, un peu fautif, des gens supposés célébrer là un moment joyeux. Pourtant ce cri, depuis vingt ans, résonne à ses oreilles. Urologue, médecin humanitaire, ce doux colosse a été confronté dès ses premières missions en Afrique à l'excision et à ses ravages. Il n'a pas saisi tout de suite l'horreur de l'acte lui-même, y voyant comme beaucoup une coutume « autre » que son respect et sa tolérance devaient l'amener à accepter. Mais il a tout de suite perçu l'immensité de la souffrance que ce geste séculaire dissimulait, lui à qui elle a toujours été insupportable. Cette souffrance, il ne l'a pas oubliée. Il avait soigné des plaies, il a voulu les apaiser. De technicien, il a voulu devenir créateur. Il a cherché. Et, miracle, il a trouvé. Très vite, mêlant à la technique qui était la sienne une intuition de génie, il a découvert le moyen de réparer les dommages de l'excision, de redonner un clitoris à celles à qui on l'avait arraché, de rendre aux femmes mutilées le droit de goûter aux plaisirs dont elles avaient été privées, de leur donner le senti-

Introduction

ment d'être à nouveau entières. Il suffit d'entendre l'une des femmes qu'il a opérées parler de tout ce que ce simple geste lui a rendu (et ce bien au-delà de la satisfaction sexuelle), de voir ses yeux s'éclairer en prononçant son nom pour comprendre qu'il s'est passé là pour elle quelque chose de fondamental. Quelque chose qui n'en est qu'à son début. Depuis, il lutte. Courageusement. Faisant fi aussi bien des menaces qu'il reçoit que des problèmes économiques que lui cause une opération qu'il est quasiment seul à pratiquer et qu'il se refuse à faire payer. De ce combat, il témoigne, s'engageant de plus en plus avec des mouvements féministes comme le GAMS[1], Ni putes ni soumises. On le voit à côté de personnalités comme Mère Teresa, Aung San Suu Kyi, Nelson Mandela, Taslima Nasreen, Simone Veil, Bernard Kouchner... Le médecin a ouvert la porte au militant.

J'ai rencontré Pierre Foldes en faisant de lui un portrait pour *Le Nouvel Observateur*. Il y avait derrière sa paisible assurance, sa modestie embarrassée, beaucoup d'autres choses : des doutes, des engagements, la brusque irruption d'une violence vite dominée, la confession de quelques déceptions. Et une immense humanité. De quoi donner envie d'aller au-delà du simple exposé de sa trouvaille, et de témoigner, dénoncer, faire le point sur une découverte devenue

---

1. Groupe femmes pour l'abolition des mutilations sexuelles, section française du Comité interafricain, association créée à Addis-Abeba en 1984, présente dans trente pays et travaillant pour promouvoir la santé des femmes et des enfants en Afrique.

Victoire sur l'excision

très médiatique, immense espoir pour cent trente millions de femmes[1] de par le monde. Cette envie était aussi la sienne. Ce récit qui lui est consacré fut également l'occasion de rencontrer ses patientes, de comprendre avec elles ce que représentait sa découverte, d'aller en Afrique voir ce qu'il en était et de faire le point sur une pratique qui ne devrait plus être. Et, au-delà d'un parcours exemplaire, de soutenir ceux et celles qui luttent contre ce que le Comité inter-africain (donc une réunion d'Africains noirs, et pas une assemblée de « Blancs » trimbalant des valeurs de « Blancs », comme cela est trop souvent reproché aux contempteurs de cette mutilation) considère comme l'« un des plus rudes fléaux de tous les temps ».

---

1. Chiffre de l'OMS.

1.

« On va te couper quelque chose »

Elle n'avait encore jamais vu son pays, ce pays dont ses parents lui parlaient avec émotion et dont son père gardait toujours quelques photos sur lui, des photos qu'il lui montrait en lui promettant qu'un jour ils retourneraient « là-bas ». Quand elle a eu sept ans, ce jour est arrivé. Pour la première fois, elle est partie en vacances « chez elle ». Elle n'a guère eu le temps de rester à Bamako, la capitale, qui la déçut, lui paraissant beaucoup plus petite que ce Paris où elle avait toujours vécu. Elle ne fut vraiment surprise, et vraiment heureuse, qu'en découvrant la terre rouge qui couvrait certaines routes et l'intense chaleur du soleil. Vite, la famille part pour le village de sa grand-mère.

Un mois se passe. Elle s'amuse plutôt bien, se fait des amies parmi les autres petites filles du village. Les jeux ne sont pas les mêmes que ceux de son XVIIIe arrondissement, mais qu'importe ?

Un matin, une voisine vient les chercher, elle et sa petite sœur, pour les emmener chez sa tante. Une fois arrivée, on lui demande de s'asseoir dans une case où se trouvent déjà d'autres enfants. Elle regarde autour d'elle, sans bien comprendre ce qu'elle fait là. Les

Victoire sur l'excision

enfants se dévisagent, paraissant tous avoir conscience que quelque chose va se passer. A un moment, elle entend prononcer son nom. Une femme la prie d'apporter un seau d'eau aux toilettes, corvée fréquemment demandée aux plus petits. Elle se lève et y va. Dehors, les femmes font cercle. « Déshabille-toi », lui demandent-elles. Etonnée, elle hésite, mais l'air à la fois bienveillant et déterminé de celle qui la sollicite la pousse à s'exécuter. On lui demande ensuite de s'allonger par terre. Une des femmes s'assied sur sa poitrine. La petite croit étouffer. D'autres lui écartent les jambes. D'un coup, elle sent une immense douleur l'envahir, une douleur à laquelle rien ne l'avait préparée. Que lui a-t-on fait ? Pourquoi ? Elle cherche le regard des siens, ne le trouve pas. Comment ceux en qui elle avait confiance ont-ils pu la tromper ainsi ? Nul ne lui dira clairement ce qui lui est arrivé, qu'elle ne comprendra qu'à l'adolescence. « Tu viens d'être purifiée », lui glisse sa tante, tout sourire.

Fatou avait six ans. Elle était née en France, dans une famille musulmane de six dont elle était la cinquième enfant et la troisième fille. Un jour, rentrant chez elle de la rue où elle a l'habitude de jouer, elle trouve une inconnue dans le salon, une grosse dame en boubou qu'elle n'a encore jamais vue. Elle s'incline, comme on lui a appris à le faire, gentille petite fille. « Ma chérie, on va te couper quelque chose », lui dit sa mère. Fatou ne comprend pas. Sa mère lui prend la main, ferme, et l'entraîne dans la cuisine. La grosse dame suit. Inquiète, la petite fille se met à pleu-

« *On va te couper quelque chose* »

rer, vite inconsolable. « Je ne me souviens que de ça, de ces pleurs qui m'étouffaient. » Elle entend des chuchotis autour d'elle. Les volets ont été fermés, et la pénombre règne. On la couche sur la table. Des draps y ont été étalés. Sa mère lui tient la main. Elle ne voit rien. La douleur la submerge comme une vague, atroce. Elle s'évanouit presque. L'inconnue s'en va. Sa maman revient la voir, lui apportant à manger quelques friandises qu'elle aime. On lui remet ensuite des couches en tissu, comme quand elle était bébé. Le soir, sa mère, à table, prévient la famille : « C'est fait. » Pendant plusieurs jours, la petite aura mal, et on lui changera ses couches, parfois ensanglantées. Personne ne lui dira ce qu'on lui a enlevé ni pourquoi on l'a fait.

Coumba est camerounaise. Elle est encore toute petite quand elle est amenée chez l'exciseuse avec trois autres petites filles. « Je me souviens surtout de la douleur, une espèce d'éblouissement atroce, quelque chose que je n'avais encore jamais ressenti. Toute la scène est gravée en moi. Je revois chaque trait du visage de l'exciseuse, son sourire avant, son attention à ce qu'elle faisait pendant. Je revois ma mère qui guettait ma réaction avec un regard plein d'amour. J'ai eu mal très longtemps, ça m'a beaucoup fait souffrir ensuite... » Pourtant, Coumba, une fois adulte, une fois mère, là-bas, à Yaoundé, va faire exciser sa petite fille de deux ans. « Qu'est-ce qu'il faudrait faire : que je la transforme en paria, qu'elle ne trouve jamais d'époux ? Ce n'est pas possible. »

Victoire sur l'excision

On l'appelle *salindana*. Chez les Soninké, c'est lui le purificateur, un membre de la caste des forgerons, un personnage important. Les forgerons travaillent le métal, fabriquent les armes et les bijoux, et excisent les petites filles. Alphonsine avait douze ans quand a eu lieu sa *salinde*, sa purification. « Cela a duré vingt minutes à peu près. Il s'est approché de moi avec une lame de rasoir. Deux hommes me tenaient solidement les bras et les jambes. Mon père m'avait demandé de ne rien dire, de ne pas pleurer : si je me plaignais, c'était le déshonneur qui risquait de tomber sur la famille. Du coup, j'avais très peur, car je savais seulement que ça allait me faire très mal. Il avait amené du savon, que l'on m'a passé entre les jambes. Et le *salindana* a coupé. J'ai quand même crié. J'ai senti en rentrant que mon père n'était pas très fier de moi. Mais ça m'était complètement égal : j'avais tellement mal que plus rien d'autre ne comptait. Je ne me demandais même pas ce qu'on m'avait fait. Jamais mon père ne m'en a reparlé par la suite. »

Elle a connu deux fois la douleur du couteau. Chez elle, au Sénégal, dans la région où elle vit, il n'est guère possible de l'éviter. Lorsqu'elle était enfant, contre la volonté de sa mère, sa tante paternelle les a laissées, elle et sa sœur, entre les mains de l'exciseuse. « Quand ma mère l'a su, elle était furieuse. Mais que pouvait-elle dire ? La famille du père a tous les droits... » A quinze ans, elle se marie et tombe très vite enceinte. L'enfant meurt à la naissance. Pourquoi ? A cause de l'opération qui aurait été mal faite ? Alors on l'excise à nouveau, coupant cette fois-ci les cicatrices chéloïdes formées après la première mutilation.

« *On va te couper quelque chose* »

Mariatou vivait à Paris, avec ses parents, dans un squat parisien non loin de la place Stalingrad, ce quadrilatère devenu le terrain de chasse de nombreux dealers. Après avoir été placée bébé en famille d'accueil en province, elle a été récupérée par sa vraie famille en 1983. Elle a huit ans quand sa mère, un jour, les prépare, ses deux sœurs et elle, pour aller se faire « vacciner ». « Nous sommes montées dans les étages d'un immeuble sombre. Siraga est passée la première. Nous l'avons entendue crier, mais comme à ce moment-là elle avait mal à un ongle, nous avons cru que les femmes lui faisaient mal en soignant cet endroit. Après ç'a été mon tour. Il y avait plusieurs femmes. Deux m'ont forcée à me coucher par terre, une me tenait les jambes, l'autre les bras. La troisième s'est baissée et elle m'a excisée. Je criais, je demandais à ma mère pourquoi elle ne m'avait rien dit. Ma mère pleurait en me voyant. »

Après l'excision, bien que de plus en plus rarement, a lieu parfois encore une cérémonie. L'enfant y assiste souvent. « Je ne puis dire ce que je ressentis à ce moment-là. L'entrejambe me brûlait. Tout en larmes, je sautillais plutôt que je ne dansais. J'étais de celles qu'on dit être des petites natures. J'étais chétive. Je me sentais épuisée et éprouvée. Au cours de cette danse monstrueuse qui se prolongeait sous la conduite de nos "encadreuses surveillantes", j'eus, tout d'un coup, l'impression que tout tournait et se balançait autour de moi. C'était le tourbillon. Puis je ne me rendis plus compte de rien. J'étais évanouie. Lorsque je repris connaissance, j'étais allongée dans une case où plusieurs personnes m'entouraient. Par la suite, les moments les plus douloureux furent ceux où j'allais à la selle. Il a fallu un mois pour que je guérisse complètement, car il arrivait que je me gratte à la suite des démangeaisons causées par ma plaie génitale. Après ma guérison, je fus l'objet de moqueries car on disait que je n'étais pas "courageuse"[1]. »

L'acte

Ces quelques souvenirs viennent de loin, de mémoires enfantines dans lesquelles ils sont gravés à jamais. Ils disent la souffrance, pas forcément l'horreur clinique de l'acte. Le voici, tel que décrit par le journal *Le Monde* le 28 février 1979 et rapporté par Séverine Auffret dans un des premiers livres consacrés au sujet, *Des couteaux contre les femmes*[2].

« Après avoir écarté les grandes et les petites lèvres de l'enfant, la matrone les fixe dans la chair, de chaque côté des cuisses, au moyen de grosses épines. Avec son couteau de cuisine, elle fend le capuchon, puis le coupe. Tandis qu'une autre femme éponge le sang avec un chiffon, la matrone creuse de l'ongle un trou tout le long du clitoris, afin de décortiquer cet organe. Tandis que la fillette pousse des cris épouvantables, la matrone finit par

---
1. Cité par Awa Thiam in *La parole aux négresses*, Denoël-Gonthier, 1979.
2. Séverine Auffret, *Des couteaux contre les femmes*, Ed. des Femmes, 1982.

déraciner le clitoris qu'elle dégage et extirpe à la pointe de son couteau. Les voisines, invitées à contrôler l'opération, plongent l'une après l'autre l'index dans la plaie de façon à s'assurer que le clitoris a été intégralement enlevé. La fillette se débattant, il arrive qu'un coup de couteau maladroit transperce la vessie ou défonce le rectum. Puis la matrone reprend son couteau et tranche les petites lèvres, puis met à vif la bordure des grandes lèvres en les écorchant du bout de sa lame. Quand la plaie est bien à vif, elle l'incise plusieurs fois dans le sens de la longueur, puis elle la larde de coups de couteau. »

Certaines ont la chance (on n'ose écrire ce mot...) que l'opération s'arrête là. Dans d'autres contrées, ce n'est qu'un début, car suit ce qu'on appelle l'infibulation. « L'enfant est assise par terre ou sur un tabouret bas, et une femme robuste s'assied derrière elle pour lui tenir les bras. Deux femmes tiennent chacune une jambe de l'enfant afin de l'empêcher de bouger. L'"opératrice", qui se trouve souvent être la matrone du village, approche son instrument (une lame de rasoir ou un couteau de cuisine). Elle enlève la paroi interne des grandes lèvres. Puis commence la couture : les grandes lèvres sont rapprochées et fixées bout à bout avec des épines d'acacia nain (qui mesurent près de dix centimètres). Entre les épines est passé un lien qui ferme la plaie à la manière d'un corset. Seule une minuscule ouverture est ménagée à l'arrière pour le passage des urines et du sang menstruel. Pour éviter une soudure totale, la matrone place dans ce petit orifice une allumette ou un minuscule morceau de bambou. Elle répand ensuite sur la plaie un mélange de sucre et de gomme arabique, ce qui forme une colle hermétique. Ensuite les jambes de

Victoire sur l'excision

l'enfant sont attachées l'une à l'autre, jusqu'aux chevilles pour qu'elle ne puisse par ces mouvements empêcher la cicatrisation. A ce stade, la petite fille, épuisée, a cessé de hurler. Elle est placée sur une natte où l'on attend qu'elle urine, ce qui prouvera que l'orifice n'est pas bloqué. Les premières mictions provoquent une brûlure intense. Après une semaine, on enlève les épines et on donne à l'enfant un bâton qui l'aidera à se déplacer, à pieds joints, dans la case. La cicatrice est dûment vérifiée, et, si l'opération n'a pas été un succès, elle est répétée. »

Voilà. Nous sommes désolés d'avoir imposé cette description au lecteur, mais il fallait savoir de quoi ce livre parle exactement. Maintenant on sait. Et les arguments mettant en avant le respect culturel, les appellations euphémiques du type « circoncision féminine [1] », « clitoris modifié » ou « blessure symbolique » qu'emploie Bruno Bettelheim, ainsi que l'idée de rite de passage, ne pourront plus, avant d'être écoutés ou acceptés, faire fi de la réalité de cette petite opération qui touche cent trente millions de femmes dans le monde.

D'autant que, dans certains pays, le cauchemar n'est pas fini. Le mariage qui suit peut le prolonger. Ecoutons Jacques Lantier, dans *La cité magique*[2], raconter ce que vit la femme somalie.

« L'épouse se rend au domicile de son mari qui, lui ayant enlevé ses vêtements, la frappe jusqu'au sang avec un fouet muni de lanières de cuir, appelé courbache. Il ne pourrait pas déflorer sa femme avec sa verge. Il utilise pour ce faire un poignard à double

---

[1]. Appellation abandonnée par l'OMS qui parle désormais de « mutilation génitale féminine ».

[2]. Jacques Lantier, *La cité magique*, Fayard, 1972.

tranchant. D'un coup sec, il plonge le poignard dans le vagin qui, déchiré, saigne abondamment. Ensuite il pénètre la femme. Selon la tradition, le mari doit avoir durant huit jours des rapports réitérés et prolongés. Ce "travail" a pour objet de fabriquer un vestibule en empêchant la cicatrice de se refermer. Au lendemain de la nuit de noces, le mari fixe sur son épaule son poignard ensanglanté ; il va faire des visites afin de recueillir l'admiration générale. Cette formalité remplie, il rentre aussitôt chez lui reprendre son ouvrage. La femme se trouve enceinte sans tarder. Quand le moment de l'accouchement arrive, elle s'assied sur un tabouret ; une matrone lui ouvre la vulve avec un couteau de cuisine. A mesure que le fœtus s'extrait, la matrone ouvre la mère avec son couteau. Lorsque l'enfant est né, on verse sur le sexe de la femme de l'eau presque bouillante, ce qui provoque d'énormes cloques. Alors recommence la scène de l'écorchement, la pose des aiguilles, de l'immobilisation et de la cicatrisation. »

Différents types d'excision

Il y a trois types d'excision : la *sunna*, la clitoridectomie et l'infibulation. La première consiste à couper seulement (!) le capuchon du clitoris. Franziska Hosken, auteur en 1973 du premier rapport occidental sur le sujet[1], la compare à ce que pourrait être pour

---

1. Franziska Hosken, *The Hosken report : genital and sexual mutilation of females*, Win News, Lexington, 1973.

un homme l'ablation du gland. La deuxième enlève une partie plus importante du clitoris et les petites lèvres. La troisième, dite aussi circoncision pharaonique, associe une excision élargie et l'avivement des grandes lèvres dont les deux moignons sont rapprochés bord à bord. Il ne reste plus qu'un minuscule orifice pour l'écoulement des urines et du sang menstruel. La vulve a disparu, remplacée par une cicatrice très dure qui sera coupée au moment du mariage. L'opération est souvent complétée, dans la Corne de l'Afrique, par une couture du sexe faite avec des épines d'acacia et qui sera tranchée au moment des rapports sexuels.

Les conséquences sont dramatiques : la douleur de l'opération, qui se fait sans anesthésie dans une zone particulièrement innervée, est extrême, pouvant aller jusqu'à mettre la victime en état de choc. Des hémorragies la suivent souvent, dans des régions du corps fortement vascularisées, où l'ablation est faite sans grande connaissance anatomique. L'anémie qui peut en découler est rarement soignée, susceptible de handicaper la santé de la jeune fille pendant des années. Ces hémorragies peuvent être accompagnées d'infections locales (phlegmons ou abcès), voire générales (gangrène gazeuse, tétanos, septicémie, sida...). Le geste n'est pas toujours des plus précis, soit que la fillette se débatte, soit que l'exciseuse ait la main lourde, endommageant des organes proches (vagin, périnée, méat urinaire, dont la blessure peut entraîner une rétention d'urine). Plus tard, des problèmes gynécologiques vont se manifester : difficultés à uriner, incontinence, douleurs lors des rapports sexuels dues souvent à la présence de névromes sur les cicatrices, infections urogénitales qui pourront entraîner la stérilité, kystes clitoridiens qui se développent à partir de la cicatrice... En cas d'infibulation, la miction devient douloureuse, et les premières règles peuvent entraîner de nombreuses complications, le sang n'arrivant pas à s'écouler comme il le devrait. Dans ce cas-là, il faut rouvrir. Plus tard elles sont souvent douloureuses et tardent à venir, provoquant de nombreuses angoisses. Le fait que l'opération soit souvent faite avec des outils non stérilisés, voire avec un tesson de bouteille, multiplie les risques d'infection.

A plus long terme, des maux durables peuvent apparaître. Le premier, d'autant plus grave que l'excision est souvent pratiquée dans des sociétés où avoir des enfants est important, est la stérilité, provoquée par les infections génitales. Cicatrices et chéloïdes peuvent apparaître et devenir très pénibles à supporter. De réels risques menacent les accouchements. Le rétrécissement de l'orifice vaginal et la présence de cicatrices au-dessus du périnée provoquent parfois des déchirures avec, là encore, des risques d'hémorragie. La souffrance du fœtus en est augmentée jusqu'à causer des troubles neurologiques au nouveau-né. En Somalie, si la femme développe un kyste (*guri* ou « os dans le foyer » en somali) suite à l'infibulation, elle ne peut plus se marier.

Victoire sur l'excision

Quatre mutilations par minute

Cent trente millions de femmes et fillettes sont excisées de par le monde, neuf femmes sur dix pour les pays les plus touchés (Egypte, Erythrée, Soudan, Mali), cinq femmes sur dix en Centrafrique et Côte-d'Ivoire. Un tiers de la population africaine l'est. Vingt-huit pays africains sont concernés, dont le Bénin, le Burkina-Faso, le Cameroun, la Centrafrique, la Côte-d'Ivoire, l'Egypte, la Gambie, le Ghana, la Guinée, la Guinée-Bissau, le Kenya, le Liberia, le Mali, la Mauritanie, le Niger, le Nigeria, l'Ouganda, le Sénégal, la Sierra Leone, la Tanzanie, le Togo, le Tchad... D'après le quotidien *Libération*, mille cinq cents femmes par mois meurent des suites d'une excision dans la Corne de l'Afrique. On la rencontre aussi beaucoup dans la péninsule arabique (Yémen, sultanat d'Oman, Emirats arabes unis, Bahreïn) et en Asie (Indonésie, Malaisie, Pakistan). On compte un seul foyer sud-américain, en Amazonie péruvienne (Shipibo et Conibo de l'Uyacali).

Cette liste ne tient pas compte des pays d'immigration, où les populations immigrées continuent de faire exciser les fillettes aussi bien, quand c'est possible, sur le territoire du pays d'accueil que de retour chez eux : Allemagne, Belgique, Grande-Bretagne, Italie, Suède, Suisse, Canada, Etats-Unis, Australie.... Et la France, où le Groupe femmes pour l'abolition des mutilations sexuelles, estime que trente-cinq mille fillettes sont menacées par l'excision. L'immigration dans les

« On va te couper quelque chose »

années 50 et 60 y était passagère : les Africains venaient en France souvent seuls, y travaillaient et repartaient plus tard dans leur pays. La fermeture des frontières en 1974-75 a mis un coup d'arrêt à cette conception. Le regroupement familial, adopté en 1976, a permis aux femmes et aux enfants de venir rejoindre le père. Et donc à l'excision de se développer sur le territoire français, où elle allait être pendant quelque temps non seulement tolérée mais pratiquée. Les pays qui émigrent le plus sont le Mali, le Sénégal, la Côte-d'Ivoire, le Zaïre et la Mauritanie. Parmi ces populations, celles qui excisent le plus sont les Soninkés (près de cent mille personnes, soit un cinquième de la population de la zone d'origine), et les Toucouleurs. Mais on trouve aussi des Peuls et des Bambaras. Chez les Sénégalais, les Wolofs, les plus nombreux parmi les ethnies immigrées, excisent peu.

Au 4e colloque international de Lausanne, d'autres chiffres ont été donnés : deux millions de filles sont excisées dans le monde chaque année, soit près de quatre par minute ; 15 à 20 % de ces victimes sont soumises à la circoncision pharaonique ; dix-sept des pays africains dans lesquels cela se pratique sont membres de l'Organisation de la conférence islamique. Ce lien avec l'islam, souvent avéré et, on le verra plus loin, pour de fausses raisons, n'est pourtant pas un critère absolu : les chrétiens (en Egypte, au Soudan, en Ethiopie...) ou les juifs (en Ethiopie) pratiquent aussi l'excision[1], tandis que certains pays musulmans, nombreux, l'ignorent (Maroc, Algérie, Tunisie, Palestine, Jordanie, Liban, Syrie, Irak, Koweït, Arabie saoudite, Turquie, Iran...).

---

1. Du moins les juifs falashas l'ont-ils longtemps fait : les études les plus récentes marquent un très net recul, pour ne pas dire une disparition, de la pratique.

Victoire sur l'excision

L'infibulation existe à Djibouti, en Somalie, au Soudan, au nord de l'Ethiopie, au nord-est du Kenya, dans des parties du Mali et du Nigeria. En 2001, les estimations du National Demographic and Health Surveys donnaient les taux de prévalence suivants, accablants par endroits : 96 à 100 % des femmes pour la Somalie, 99 % en Guinée, 94 % au Mali, 72 % au Burkina-Faso, plus faibles à d'autres : 12 % au Togo, 5 % au Niger, 5 % en Ouganda et dans la République démocratique du Congo. Ces chiffres demandent pourtant à être relativisés, d'abord parce que les études ne sont pas encore extrêmement fiables, ensuite parce qu'ils sont nationaux et qu'il peut y avoir de grandes disparités à l'intérieur du même pays. La pratique est plus ethnique que nationale. Ainsi, au Sénégal, elle affecte les trois quarts du pays, au Cameroun 63 % des femmes dans le nord (district de Logone et Chari) et 40 % dans le sud-ouest (district de Manyu). Au Sénégal, les Peuls, les Toucouleurs, les peuples mandés (Mandingues, Soninkés, Bambaras) pratiquent plus que les Wolofs, les Sérères et les Diolas de basse Casamance méridionale. En Guinée-Bissau, elle est pratiquée chez les Fulas et les Mandingues, pas sur la côte. Mais à Djibouti, chez les Somalis, elle est uniforme.

On peut mettre un peu à part le cas de l'Egypte, dont l'image n'est que très peu rattachée à celle de l'excision alors qu'elle y fleurit. C'est là, semble-t-il, que serait née la pratique. Et c'est encore là, aujourd'hui, qu'elle est très présente, vérité que la nostalgie pharaonique et le charme touristique ont très fortement tendance à faire oublier. Les chiffres sont pourtant là plus qu'ailleurs implacables : près de 97 % des femmes sont excisées (chiffre de 2005), et 80 % d'entre elles sont favorables à la pratique ; 1,3 million d'excisions seraient pratiquées chaque année, soit trois mille fillettes par jour. La rupture entre le gouvernement et la tradition est patente : depuis les années 20, on parle régulièrement d'y mettre fin, sans que ces vœux pieux aient jamais abouti. Pourtant, le 28 décembre 1997, le Conseil d'Etat a pris un arrêt important, interdisant l'excision même en cas de consentement de la fille et de ses parents. Trois ans de prison attendent les coupables. Il n'a depuis guère été mis en application [1]...

A tout âge

L'excision peut être pratiquée à tout âge, au cours de certaines périodes de la vie : mariage, puberté, enfance, adolescence... Cela varie selon les pays : moins de deux mois en Erythrée, six ans au Mali, dix en Egypte. Dans les pays d'immigration, cet âge a tendance à rapidement baisser. Le refus des jeunes filles est de plus en plus marqué. Les convaincre dans un contexte qui, culturellement, rejette l'opération, alors qu'elles-mêmes sont déconnectés de ce qui la fonde, devient de plus en plus compliqué. Et la menace de la répression rend la crainte plus forte. Un bébé, lui, ne proteste pas... Mais cet aspect pratique n'est pas le seul. Certaines mères ont le sentiment (paradoxal, car ce faisant tout le « bienfait » initiatique de l'excision disparaît...) que plus l'opération est faite tôt, moins

---

1. Sur le cas particulier de l'Egypte, voir le chapitre 9.

Victoire sur l'excision

l'enfant souffrira. « J'ai fait exciser ma seconde fille à quelques semaines. J'avais trop le sentiment que l'aînée avait souffert, et qu'elle avait du mal à oublier. Comme il faut le faire, autant que ça ne fasse pas mal... », raconte Mme Diagana, Malienne installée en France. Mais pourquoi « faut-il » ?

Cette préoccupation a même poussé quelques mères à prendre des risques juridiques supplémentaires en faisant pratiquer l'excision sur les bébés en France plutôt que d'attendre et de les ramener en Afrique. Louable intention, qui méconnaît pourtant une prise de risque médical plus grande : sur un bébé il est beaucoup plus difficile de déterminer les organes à couper, et souvent le couteau de l'exciseuse emporte plus que ce qu'il aurait dû.

Ce rajeunissement amène d'ailleurs à se demander si le respect de la coutume, si souvent mis en avant, n'a pas ses limites, puisque la tradition est assez vite contrariée pour des raisons finalement plus pratiques que fondamentales. Sylvie Fainzang[1] notait d'ailleurs que l'excision perdait, dans les sociétés d'immigration, de plus en plus sa fonction initiatique pour devenir un élément de cohésion du groupe émigré.

---

1. In *L'excision ici et maintenant*, Ed. Tierce, 1984.

2.

Un parcours humanitaire

« Le dimanche à Bamako... » Il la regarde, la main sur la souris de l'ordinateur. Le visage de la femme allongée, les bras en croix, couverte d'un drap bleu, s'éclaire à peine les premières notes égrenées dans la salle d'opération. Pierre Foldes a enregistré des musiques de tous les pays du monde d'où peuvent venir ses patientes. Chaque fois que l'une d'entre elles arrive sur son brancard, il lui met un disque. C'est sa manière de les installer dans l'ambiance, d'apaiser l'angoisse qui les tenaille presque toutes malgré la bonne humeur qu'elles feignent d'afficher. « Quand elles me demandent après l'opération ce que je voudrais comme cadeau, je leur demande un disque de leur pays. Je dois avoir une des plus belles discothèques maliennes de Paris... », rit-il.

Il est à la clinique Louis XIV de Saint-Germain-en-Laye comme un roi en son royaume. C'est là qu'il consulte, là qu'il opère, là que depuis des années maintenant, comme il le dit en riant, il les « envahit avec ses Africaines ». L'homme est grand, robuste. En consultation, dans sa blouse blanche, en salle d'opération, vêtu de la tenue bleue aseptisée du chirurgien, il impressionne. L'œil est vif, le cheveu grisonnant recouvre une tête large. La voix, douce et apaisante, cherche souvent le mot juste. Les mains, solides, ne laissent pas soupçonner l'habileté avec laquelle elles recousent une plaie, attrapent un fil, sectionnent un étroit morceau de chair... Son opération, il la connaît comme un mécanicien connaît le bruit des moteurs : de jour en jour, de consultation en consultation, de coup de bistouri en coup de bistouri, il l'a affinée, travaillée, perfectionnée. La preuve : sur la table, ce 7 septembre 2005, c'est sa millième patiente qui l'attend.

Mille déjà, depuis cette intuition géniale de 1983. Celle-ci est sénégalaise, a une trentaine d'années. Elle tente de sourire, mais on la sent tendue, inquiète.

« Ça va, madame ? Vous allez voir, tout va bien se passer...

– Oui, docteur. Je sais. »

Elle sait, bien sûr. Mais quand même... Cette opération-là n'est pas comme les autres. Il ne s'agit pas ici de soigner, mais de reconstruire. Pas de lutter contre un virus, mais de réparer le mal fait par les hommes. Elle n'a pas été obligée de venir, elle a choisi de le faire. Elle n'espère pas sauver sa vie, mais en avoir une meilleure, redevenir comme les autres, redevenir ce qu'elle n'aurait jamais dû cesser d'être. Y pense-t-elle ? Ses traits se figent peu à peu sous l'action de l'anesthésique. Une anesthésie générale : « Je ne veux à aucun prix que l'opération puisse leur rappeler leur excision. Elles ont déjà fait un tel effort pour venir jusque-là... »

L'assoupissement est rapide. L'anesthésiste et une infirmière, qui ont déjà fait des centaines d'interven-

Un parcours humanitaire

tions, sont les seuls aides du chirurgien. Là aussi, il y a la volonté de faire le maximum de choses tout seul. Ainsi l'opération, plus facile à exécuter, sera aussi plus facile à reproduire en Afrique.

Une fois endormi, le corps, inerte, est placé en position d'accouchement, les jambes glissées dans des étriers. Le pubis est rasé, et des bandes de papier bleu disposées autour de la partie à opérer. Ambiance bon enfant, et sans doute aussi tension à désamorcer : des plaisanteries entendues mille fois jaillissent, arrachant chacune un sourire surtout de connivence. « Je leur demande des disques, c'est normal : elles les ont au black ! » On « charrie » une infirmière sur son copain militaire, une autre sur ses origines immigrées : elle vient de Chatou, à quinze kilomètres de Saint-Germain la très huppée... Autour, on entend les bruits classiques de l'hôpital, les voix d'infirmières s'enquérant de la santé de ceux qui vont passer sur le « billard » dans d'autres salles du bloc, les objurgations de la chef de bloc qui demande : « Y a eu du pus, là, faudra passer la machine... »

La millième opérée est un cas simple : une *sunna*, heureusement la mutilation la plus fréquemment rencontrée en France. Le praticien s'assoit devant la femme. D'un coup de ciseau, il commence par couper la cicatrice de l'excision. Quelques gouttes de sang perlent. Au bistouri électrique, il dégage ensuite le clitoris, enfoui sous la cicatrice. Le voici qui apparaît, d'un ivoire éclatant sur le rouge des muqueuses et le noir de la peau. L'appareil tranche la peau autour, le dégageant de sa gangue de chair. Une odeur de brûlé se répand dans la salle. Le haut de l'organe est coupé, jusqu'à ce que réapparaisse une partie innervée. Le

Victoire sur l'excision

morceau de chair morte ainsi ôté est mis à part. Il sera ensuite analysé. « Grâce à ce petit lambeau, nous avons appris énormément de choses sur la pratique de l'excision. » C'est ainsi, après de longs tâtonnements, que Foldes en est arrivé à s'apercevoir qu'il y avait, sous les traces de l'amputation, une partie encore innervée et que la mettre au jour pouvait suffire à redonner sa sensibilité au clitoris.

L'organe se dresse, enfin dégagé. Il faut ensuite le réimplanter, fixer à la place où elle sera désormais la partie rétractée, ce qui est fait en la cousant avec quelques très fines sutures. Dernier geste : une piqûre d'un anesthésique local pour éviter les douleurs au réveil. Maintenant, dans un orifice nouvellement ouvert, là où l'on ne voyait auparavant qu'une morne plaine créée par la main de l'homme, un clitoris, gros, blanc, est à nouveau en place. Il diminuera de volume en quelques semaines, se recouvrira de peau et regagnera une sensibilité qu'il n'avait jamais eue. L'opération a duré vingt-cinq minutes. Vingt-cinq minutes pour réparer une vie. Foldes recule : « Ah, il est beau celui-là. Elle va être contente. C'est un beau truc qu'elle aura... » Admiration d'esthète devant son œuvre, d'un Courbet du bistouri devant cette « origine du monde » rendue à celle qui en avait été lésée...

Dans la journée, il opérera neuf femmes, allant après la troisième, pour gagner du temps, en faire « préparer » une dans une salle pendant qu'il opère dans l'autre. La deuxième sera un cas moins aisé : c'est une Djiboutienne qui a été infibulée. La marque d'une césarienne est visible au bas de son ventre, arrondi par plusieurs grossesses. « L'accouchement a, à chaque fois, dû être impossible. Là où les chairs auraient dû s'écarter, elles sont devenues dures. » Il faut, avant de dégager le clitoris, d'abord refaire les petites lèvres. Donc inciser à partir de l'étroit vagin, puis remonter. Gestes précis, moins habituels. L'ambiance est plus concentrée. Chemin faisant, Foldes a découvert d'autres facettes de la mutilation, des déchirures, des cicatrices secondaires d'accouchements, des séquelles directement liées à l'excision. Il s'est attaché à essayer de trouver une parade, des réponses à tous ces maux associés et, « de fil en aiguille », s'est mis à proposer la réparation des petites lèvres, la reconstitution du capuchon du clitoris, la correction des cicatrices obstétricales, des déchirures et des béances vulvaires... Au-delà de la simple réparation de l'excision, l'idée était d'apporter une réponse globale à la mutilation, quitte à compléter le geste plus que ne le demandaient les femmes.

Pour le cas de la patiente djiboutienne, quelques minutes suffisent. Il peut ensuite s'attacher à la reconstitution proprement dite. Et le petit organe blanc apparaît, rendu à la vie. « Voilà, c'était tout simple. » Et c'est bien là toute la question...

Une enfance sous le boisseau

Comment naît une vocation ? D'un coup, par un événement soudain et brutal qui va déterminer toute une existence ? Ou lentement, par une longue imprégnation ? Qu'est-ce qui a bien pu pousser un enfant de la moyenne bourgeoisie, élevé de manière classique et étouffante, à partir à l'autre bout du monde, à déchirer les voiles qui l'entouraient, à se battre aujourd'hui contre un fléau que sans doute personne chez lui ne connaissait ? « Je n'ai jamais pu supporter la souffrance, l'idée même de la souffrance. Cela m'était odieux. Ça l'est toujours... » La souffrance... Aujourd'hui encore, elle est, comme le disait saint Paul, « une épine dans sa chair ». Elle lui fait mal, à lui aussi, où qu'il la voie, où qu'il la sente... De sa salle d'opération de Saint-Germain-en-Laye aux lieux de conflit sur lesquels il accompagne encore de temps en temps les équipes de Médecins du monde, de la clinique Louis XIV aux champs dévastés par le tsunami de Banda Aceh, c'est elle qu'il traque, combat, tente de réduire. Pourquoi ? Comment comprendre que ce que la plupart d'entre nous supportent souvent avec pitié, parfois avec indifférence, lui devienne à lui physiquement odieux ? Où et comment s'est développée cette empathie profonde, qui l'a amené à porter son savoir aux quatre coins du monde, à parfois risquer sa vie et, finalement, à se vouer comme il le fait aujourd'hui à redonner à des femmes mutilées leur dignité amputée ?

Ce qui va pousser Pierre Foldes s'est forgé lentement au fil des jours, au long d'une enfance un peu triste. Pas malheureuse, non, mais éteinte, trop étriquée, trop étroite. Le père, un Hongrois venu en France, énorme travailleur, entre dans la propriété industrielle et développe un cabinet de brevets, dont certains serviront à l'industrie de l'armement. La mère est femme au foyer, comme on ne dit pas encore à l'époque. Pierre est presque fils unique, sa seule sœur, de dix ans son aînée, étant sur le point de quitter la maison. Il vit protégé. Trop. Il ne manque pas d'amour mais de lumière. Tout paraît exagérément compliqué pour l'enfant, à qui l'on n'offre qu'une vision rose et douce du monde, vision dont il est trop malin pour ne pas sentir la fausseté. Il y a au loin, palpitant, un monde qui vibre et qu'on lui refuse au nom de raisons qui n'en sont pas. De la première page du *Monde*, que son père ouvre tous les soirs et sur laquelle il jette un regard en coin, il retire des informations que personne ne cherche à lui expliquer. « Tu verras plus tard, quand tu seras grand. » Eternel leitmotiv jeté en seule pâture à l'enfant trop curieux... La guerre d'Algérie, la guerre du Vietnam semblent n'exister qu'à l'extérieur de l'appartement qu'ils habitent, à Neuilly. Tout au plus des remarques de son père, qui ne lui sont pas adressées mais dont il se rappelle encore la pertinence, l'aideront-elles à se faire une vague opinion. De la maison au collège Sainte-Croix de Neuilly où le monde extérieur ne rentre guère davantage, il vit dans l'absence : absence de réponses, absence d'éclairage, absence de filles aussi qui ne rentreront que plus tard dans son univers, retard qui sera déterminant pour ses engagements futurs.

Mai 68 le cueille sur les bancs de la première. Il a dix-sept ans, c'est déjà un immense gaillard qui dépasse ses camarades d'une tête. Mais le costume qu'on lui a taillé est trop petit pour lui. Et Mai, qui pourrait le faire éclater, y échouera. Il reste cloisonné chez lui, absent de ce qui se passe, enfermé dans la vision d'une famille bourgeoise de ces années-là, convaincue que l'essentiel doit rester intouché et

Victoire sur l'excision

craintive devant les débordements qui grondent à l'extérieur. « On ne me permettait pas de me faire mon idée. C'était étouffant. » Même l'humanisme de son père, prisonnier de guerre, évadé six fois, ne brise pas la coquille. « J'ai simplement compris qu'il avait compris quelque chose. » Le « joli mois » s'éloigne sans avoir laissé d'autres traces que le sentiment d'être passé à côté de quelque chose. Mais ce sentiment, lui, ne s'éteindra pas.

La faculté seule ouvrira vraiment la porte à cette vie trop longtemps mise sous le boisseau. A peine y met-il le pied que le rejet de l'univers d'où il vient est total. « Je suis sorti de prison. » Le mot est dur, mais il le revendique. C'est soudain la vie extérieure qui s'offre, grisante. Le monde qu'il sentait vibrer dehors se rapproche, l'intuition que tout ce qu'on lui a montré n'était qu'une infime partie des choses devient conviction. Il conspue aujourd'hui le milieu qui l'a vu grandir et, s'il est resté proche de ses parents, il a du mal, lorsqu'il retourne en Bretagne, à supporter ses anciens camarades.

D'un coup, son univers est mixte. « On ne sait plus aujourd'hui ce que c'est que cette absurdité d'un monde d'où les filles sont absentes. » Il découvre les femmes. Pas le sexe, les femmes. Leur compagnie, leur vision, leur force et leur fragilité. « J'ai perçu à l'âge adulte et avec des réflexes d'adulte ce que découvre un jeune adolescent, donc j'ai senti les femmes autrement. Les expériences que les autres ont à treize ans, je les ai eues à dix-neuf ou vingt ans. La révélation de la personnalité féminine m'a fasciné et bouleversé. Pourquoi m'avait-on caché cette richesse ? Comment avais-je pu passer ainsi à côté de cette moitié du monde ? Au nom de quoi ? J'ai construit ma perception de la femme à un âge décalé avec quelques modèles : certaines femmes vietnamiennes, Mère Teresa, plus tard les grandes féministes desquelles le combat contre l'excision m'a rapproché... »

On ne peut jamais tordre tout à fait sa nature, et les graines semées au mauvais endroit produisent souvent des fleurs très différentes de celles souhaitées. Son univers, que vingt ans d'éducation avaient tenté de bâtir sur des certitudes, sera désormais accompagné par le doute. « L'acquérir a été une rupture totale avec le monde d'avant. Je demandais, et je demande toujours, le droit de ne pas être certain, de changer d'avis, de me poser des questions. » Ses parents voulaient qu'il fasse les grandes écoles scientifiques. Pas lui. Il sera médecin. Sa décision choque, comme s'il avait annoncé qu'il voulait faire du cirque. Mais il s'entête.

Le rapport au savoir change aussi. Son parcours scolaire, jusque-là médiocre par manque d'enjeux, se voit soudain transfiguré par l'étude de la médecine. Ainsi donc apprendre peut être intéressant... « Dans le secondaire, j'avançais sans bien comprendre pourquoi. Il m'avait manqué une vraie discussion sur les raisons de ce que je faisais. Ça aussi, j'ai dû le découvrir par moi-même. Et, d'un coup, il n'y avait plus de contraintes : il fallait apprendre un certain nombre de choses, je les apprenais, et le travail devenait évident. »

Le choix de la chirurgie aussi est évident. Pendant les longues études qui y mènent, il le sent tout le temps : il doit « mettre les mains dedans », toucher la matière, s'absorber dans une spécialité qui ne soit pas seulement intellectuelle. D'un rire, il se réfugie derrière l'astrologie : « Je suis Taureau premier décan, émotif, actif, totalement primaire. » N'est-ce qu'une boutade ? « Dans mon enfance il m'a manqué l'être humain. L'éducation catholique m'en a écarté. J'avais envie de m'engager. Mais la souffrance n'avait pas droit de cité à la maison. Il fallait la cacher : on ne parlait pas de la guerre, on ne parlait pas de ce qui allait mal, et quand je le découvrais brutalement, mes parents se réfugiaient derrière la maturité à venir... J'ai eu dans l'adolescence un vide de stimulation, stimulation que j'ai eue plus tard. Il y eu adéquation entre ma puberté tardive et ma découverte des réalités. »

Le temps des formations

A l'heure des choix, il veut devenir urologue. La spécialité n'est pas des plus en vogue, mais il est sûr de lui. « C'était une science relativement neuve. Il y avait beaucoup de recherche, ce qui me plaisait beaucoup. Je devais me remettre en cause tout le temps. La logique dans le déroulement intellectuel du diagnostic me plaisait bien. Je n'ai jamais regretté ce choix. » Le parcours sera long : la faculté, qu'il démarre en 70, puis un poste d'assistant d'urologie d'abord à l'hôpital des Enfants malades de Necker, ensuite à l'hôpital Foch où il aide Maurice Camey, grand maître d'urologie, enfin le poste d'urologue qu'il occupe toujours à Saint-Germain-en-Laye. Il apprend, se confronte à la réalité, découvre comment opérer et guider le scalpel.

Un parcours humanitaire

Les grands maîtres, Jean Hamburger ou Roger Couvelaire, qui dirigent des cours à la faculté, font partie des rencontres importantes de ces années-là. Soudain très scolaire, il apprend sans se poser de questions, emmagasine le plus d'informations possible, sans remettre en cause l'enseignement. « Je ferai ça plus tard, alors que d'autres contestent tout de suite. Pas moi. Ces professeurs sont trop précieux pour qu'on leur coupe la parole : on peut le faire après, mais pas pendant qu'ils parlent. J'avais le sentiment profond que les instants où l'on bénéficie d'un enseignement comme celui-ci sont trop rares. Même si on peut penser différemment, il y a un autre temps pour la contestation. »

Les gardes sont l'occasion de se confronter aux réalités du métier : la maladie, la douleur, la fatigue... Un soir où il exerce à l'hôpital Necker, il reçoit deux malades, qui se retrouvent dans la même chambre : celui de gauche était venu en consultation, celui de droite était tombé en mobylette devant l'hôpital. Roger Couvelaire fait sa tournée, et passe regarder les deux patients. Il se tourne vers l'interne Foldes : « Tu vois ces deux hommes ? lui dit-il. Le deuxième a plus de valeur que le premier. » Pierre tique. Le praticien s'explique : « Il ne t'a pas choisi, donc tu lui dois plus. Il n'a pas, lui, de responsabilité envers toi. » La leçon le choque mais il ne l'oubliera plus. Et elle fera son chemin. « J'ai très vite compris qu'il y avait un troisième degré dans cette hiérarchie étonnante : ces malades de l'autre bout du monde, ces malades tellement différents de nous que nous n'aurions jamais dû les trouver. Et c'est à moi de faire une démarche volontaire pour aller à leur rencontre alors qu'ils ne m'ont rien demandé... Ces gens-là, vers qui je vais, ont encore un degré supérieur en termes d'engagement. Moins j'ai de raisons d'être là, plus j'ai d'obligations de résultat. C'est cette philosophie que nous avons développée à Médecins du monde avec Bernard Kouchner entre autres. » L'idée depuis le suit, ce sentiment extravagant d'être un privilégié quand il part aider ceux qui souffrent au loin. « L'humanitaire est un luxe. Quand je vois une guerre à la télé et que je ne peux rien faire, je souffre. Je sais pourtant que je suis l'un des rares à m'être donné les moyens de pouvoir faire quelque chose. Mon engagement m'oblige, mon privilège aussi. » Cette intuition de départ se concrétisera complètement au fil des missions. « Faire de l'humanitaire, c'est être médecin volontaire d'un niveau supérieur. Pas bénévole, volontaire. » Il tient à la différence, s'insurgeant, lui chrétien pourtant convaincu, contre ce que le terme véhicule d'amateurisme et de bonne conscience.

Le militantisme qu'il n'a pas connu, il le découvre à l'occasion d'autres combats, dont les échos vont s'inscrire sur ce terrain encore vierge. La question du droit à l'avortement l'interpelle comme homme, comme médecin. Elle agite alors tout le monde : des prises de position passionnées d'un côté comme de l'autre, le combat de Simone Veil, le manifeste des « 343 salopes », ont empêché que le débat soit étouffé. Il veut se faire une opinion par lui-même, va écouter les uns puis les autres. Le curé de Montmartre, fervent partisan du refus de ce qu'on n'appelle pas encore l'IVG, organise une réunion salle Pleyel avec un panel soi-disant représentatif de spécialistes : un juriste, un médecin... La réunion est peu convaincante. Le juriste s'égare dans un discours très emberlificoté sur le droit de tuer, qui peine à dire franchement ce qu'il veut dire. Et le médecin ment ouvertement. L'étudiant Foldes est extrêmement choqué par cette imposture : « Détenir un savoir médical et le transformer en mensonge à cause de ses convictions, ça m'a bouleversé. » Il va ensuite écouter à l'hôpital Necker une équipe de maoïstes très actifs, dont un des membres s'est fait mettre enceinte et avorter en public dans un amphithéâtre. « Le discours était complètement idéologique, et je me suis dit que cela non plus ne me correspondait pas. Mais j'ai recherché ce qui réunissait ces deux formes de pensée, les extrêmes des deux côtés. » La méthode, cette jonction de la thèse et de l'antithèse, est totalement nouvelle pour lui : elle ne le quittera plus. « Simone Veil, que j'ai eu la chance de rencontrer plus tard, a eu dans un contexte de droite le courage de penser différemment, le courage d'aller contre son camp. Elle a fait ce que jamais dans mon enfance l'on n'avait fait pour moi ni ne m'avait poussé à faire. Cette simple posture peut tout faire basculer. Quand le oui à l'avortement a été voté et que toute la gauche s'est mise debout pour applaudir Simone Veil, il s'est passé quelque chose de très fort. Ça m'a aussi fait changer d'avis sur la politique. » Il ne sera plus jamais l'homme d'un aveuglement.

Victoire sur l'excision

Les bêtes fauves de Beyrouth

La découverte de la ville a été un choc. Dans la nuit dont la chaleur l'empêche de dormir, il revoit les maisons blessées par les bombes, revit les longues attentes aux check-points, sent à nouveau peser sur lui le regard de ces gardiens, des enfants parfois, qui tiennent un fusil et brûlent d'envie de s'en servir. Beyrouth s'est offerte à lui un peu par hasard. En 1977, la guerre civile déchire encore la ville, dont les quartiers sont devenus les repaires de groupes armés, une géographie dangereuse et mouvante à laquelle plus personne ne peut réellement se fier. Pierre est à la Réunion, où il fait son service militaire en tant que coopérant. Il a profité d'une permission en France, où il est rentré faire un rapatriement sanitaire, pour partir vers le Liban avec une association libanaise chirurgicale qu'il a connue par le biais de l'urologie. Les dix jours qu'il va passer là-bas sont pris sur sa « mission », et personne parmi ses supérieurs n'est au courant. Mais il étouffe à la Réunion. Le milieu expatrié, ce petit bout de France, et souvent de ce qu'elle a de pire, qui se reconstitue partout où il y a trois diplomates et quelques professeurs, n'est pas fait pour lui. Et les charmes de la nature, la plage et la plongée ne suffisent pas à calmer l'envie qu'il a d'être utile.

S'il ne connaît pas encore le Liban, il connaît des Libanais, camarades d'études, et ce sont eux, dont certains sont membres de la famille Gemayel, qu'il doit retrouver sur place. Leurs parcours au moins sont très proches : la médecine libanaise est du même niveau que la médecine française, se construit sur les mêmes diplômes. « Je pensais découvrir la chirurgie dans des moments d'exception. » Il va le faire. Mais il va découvrir aussi ce qu'est la guerre civile, et ce qu'elle peut faire aux hommes.

Un soir, dans un hôpital de Beyrouth, il entend des cris. Il est là depuis plusieurs jours déjà, s'est familiarisé avec les longs couloirs et les salles où arrivent les corps déchirés des blessés de la guerre. Se dirigeant vers l'endroit d'où vient le bruit, il est soudain bloqué par deux hommes armés. « Reste là, ça n'est pas pour toi. Tu ne peux pas comprendre », lui dit-on. Il essaie de forcer le passage, mais comprend vite au regard glacial des deux soldats qu'ils ne plaisantent pas. Sans pour autant s'éloigner, il réalise quand même ce qui se passe. Des internes comme lui, des gens avec qui il a fait ses études, ont attrapé un blessé palestinien, et s'entraînent sur lui à réviser leurs gestes chirurgicaux. La bouche du blessé a été bourrée de compresses pour étouffer ses cris. Le scalpel tranche, comme si la chair qu'il fouaillait n'était qu'une matière neutre.

C'est moins le choc de la torture, choc monstrueux mais attendu, qui le heurte que de voir que c'est quelqu'un comme lui qui est capable de faire ça. En un coup d'œil, il a vu ses anciens confrères devenir des bêtes fauves. « Tu ne peux pas comprendre, tu n'as pas le même contexte », lui martèle celui qui l'empêche de passer. Et il lui raconte ce que lui a vécu : sa sœur, sa mère tuées sous ses yeux par les frères de celui sur lequel son ami s'entraîne à répéter les gestes qui sauveront ceux de son camp. « Le plus violent, c'est que c'étaient des gens comme moi qui faisaient cette horreur. Donc, quelque part, c'était moi. Je découvrais un contexte tel que je ne pouvais pas m'empêcher de me dire : si on faisait la même chose à ma famille, je deviendrais peut-être cela. Alors que j'ai mes valeurs à moi. C'était terrifiant : quelles valeurs faut-il avoir pour résister à ça ? Suis-je quelqu'un de bien uniquement parce que j'ai la chance qu'on n'ait tué personne de ma famille ? N'ai-je évité d'être un tortionnaire que parce que je suis né au bon endroit ? »

Cette initiation tragique ne sera pas la seule. Il est amené, lors du même séjour, dans une tour d'où officie un franc-tireur. L'endroit est idéal. Du toit, sur lequel il enjambe des caisses et plusieurs gros sacs de sable, le regard couvre plusieurs rues. Le canon du fusil est même serti dans le béton. En le voyant, le sniper le salue. Puis, avec un sourire narquois, il se tourne vers son arme et tire. Dans la rue, un homme s'écroule. Foldes comprend avec horreur que cette mort est un cadeau de bienvenue, qu'on vient de lui offrir comme preuve absurde de force l'assassinat d'un inconnu qui ne faisait que passer. « Que devient l'homme dans un cas comme celui-là ? A nouveau, je découvrais que la réalité de la vie sur terre n'était pas ce que je croyais. Le monde n'était pas celui qu'on m'avait dit. C'était une sorte de défloration. »

C'est à Beyrouth aussi qu'il se fait tirer dessus pour la première fois. Alors qu'il opère, il se penche pour mieux voir d'où coule le sang. Au bon moment. Une balle le frôle avant de se ficher dans le mur devant lui. Ce premier contact avec le danger, qui ne sera pas le dernier, deviendra l'une des interrogations de son métier d'humanitaire, et aujourd'hui de son combat contre l'excision, qui l'amène à recevoir régulièrement des menaces de mort. « Le danger fait partie du jeu. Avec les snipers de Sarajevo, j'ai vu plus tard comme on meurt bêtement. J'ai vu que la menace était utilisée par les ennemis du progrès soit pour nous empêcher de travailler, soit pour rendre notre action plus compliquée. J'ai appris qu'il ne fallait pas rester terré la tête sous le sol. On devient plus fort si on domestique le risque et si on le gère, si on sait qu'il faut traverser la rue alors qu'éclatent les coups de feu, qu'un sniper doit recharger mais qu'il peut y en avoir un second en planque. On augmente ses performances. Pas pour se faire plaisir, pour les missions qu'on s'est fixées. Prendre plaisir au risque est impensable. Mais il faut l'intégrer et en dégager des opportunités. C'est pour cela que les protocoles de sécurité se sont bâtis peu à peu. Au début, nous n'y pensions pas trop. Les premiers accidents survenant, la sécurité des équipes est devenue une priorité. »

De Beyrouth, il passe au camp palestinien de Tel el-Zaatar, à l'appui en formation de chirurgiens généralistes. C'est son premier contact avec la chirurgie de guerre. Contact épuisant : les corps se succèdent, amas de chairs qu'il faut tailler, évaluer, tenter de sauvegarder. Frôlant l'épuisement, il coupe, coud, ampute, simple facteur d'un geste qu'il répète jusqu'à plus soif. « Dans la chirurgie de guerre, l'important n'est pas celui qui opère mais celui qui fait le tri. Le geste chirurgical n'est qu'un élément dans une chaîne de pratique. Il y a un flux très important de blessés, et il faut le hiérarchiser. Des gens vont les préparer, les conditionner, faire les pansements. Quand il y en a trop, on fait quatre tas : les mourants, ceux qui sont sérieusement atteints, ceux qui le sont moins sérieusement, et les blessés légers. On élimine les légers qui vont attendre, même s'ils ont mal, et les mourants qu'on sacrifie car il n'y a pas le temps de s'occuper d'eux. Ce qui condamne à mort ce n'est pas le sniper, mais celui qui dit au blessé : "Toi, tu vas attendre." C'est un geste très dur. Celui qui fait ce tri est le plus expérimenté. Derrière, le chirurgien est la petite main qui coud. Il est jetable. C'est ce que j'étais. J'aimais ce côté-là. Des gestes simples, mais avec des impératifs de rapidité, une hiérarchie évidente. Tu sers dix jours à opérer vingt et une heures par jour, et après tu reprends l'avion. Tu n'as pas d'importance. Ça remet le geste chirurgical à son vrai niveau : tu couds, et quand tu ne peux plus, tu es jeté. Pour moi ce n'est pas réducteur. Nous sommes du matériel humain jetable. Le chirurgien n'est qu'un des maillons de la chaîne. N'être qu'un maillon me va très bien. J'ai souffert de ces chirurgiens qui bandent leurs muscles, mettent en avant leurs gestes. En Afrique ou en Asie, le chirurgien est quelqu'un et sa position sociale en dépend, donc il opère même si ce n'est pas nécessaire : c'est un glissement fréquent dans le tiers-monde, et parfois aussi en France. Revenir à l'essentiel du geste et uniquement à cela m'allait très bien. »

Naissance d'un humanitaire

L'humanitaire le happe dès la fin de son service militaire. Pas par envie de bouger, pas par exotisme.

Un parcours humanitaire

Parce que c'est de la médecine, tout simplement. « Là-bas, les gens souffrent aussi. C'est tout. Une machine se détraque, et il y a une démarche qui consiste à analyser ce dérèglement et à en déduire une amélioration. Cette démarche, c'est le soin. Mais à la base, il y a un refus conceptuel de la souffrance. Là-bas, elle est la même que celle que je soignais ici, et elle est tout aussi insupportable. Cela a toujours été évident à mes yeux. » C'est l'époque des missions fondatrices, celle du Biafra, du Pérou, avant l'odyssée de l'*Ile de lumière* et la rupture en 1980 entre Médecins sans frontières et les dissidents qui formeront Médecins du monde.

Il goûtera des deux organisations, et trouvera finalement dans la seconde plus que dans la première la dimension militante qu'il cherche. A Médecins du monde, le médecin reste intégré à la société civile. La vie quotidienne est une vie de soignant, avec des parenthèses humanitaires. Il n'y a pas de professionnalisation. Cet éparpillement plus grand peut amener quelques dysfonctionnements, mais crée aussi des liens plus forts entre le donateur et le terrain. « Nous sommes un pont. Au moment du tsunami en Asie du Sud-Est, début 2005, nous avons reçu énormément d'argent, venu de partout, même des donateurs les plus improbables : prisonniers, personnes âgées. Recevoir ces chèques crée une obligation. Ces gens veulent aider, et aident comme ils peuvent. Cela nous engage plus que tout. » Il y trouve sa place, lui qui ne se sent pas de gauche comme la plupart des autres membres de l'organisation, mais n'est pas non plus à l'aise avec cette droite qui ne met pas la solidarité en avant. « Il y avait à Médecins du monde un espace de débat qui était sans doute souvent une perte de temps mais correspondait à ma démarche. » Il sera là à la naissance de l'idée de droit d'ingérence, et vivra passionnément les débats qui animent la jeune organisation à cette époque. Vingt-cinq ans après, il y est encore.

Sa vie privée elle aussi a connu pendant ces années-là une envolée. Il s'est marié pendant son internat, dans un contexte de concours, totalement absorbé à la fois par ses études et par sa remise en cause humanitaire. Sa femme faisait partie de la même « sous-colle[1] ». Il ne s'étend pas sur ce qui, au bout de dix ans et après la naissance de trois enfants, finira par une séparation. « Notre relation avait été basée sur le travail, et il n'y avait plus de dialogue affectif. Elle était, et est toujours aujourd'hui, où elle est chef d'un service de dermatologie, hyper-bosseuse. Ça a été un divorce du non-dialogue. Je suis parti tard, parce que je n'ai pas eu le courage de le faire plus tôt. Il nous est resté dix ans de vie commune et trois enfants qui ont redécouvert mon engagement au moment du divorce, et l'ont bien compris. »

Un médecin en Asie

Ses premières petites missions l'emmèneront en Afrique, où il enseignera l'urologie pour une aide médicale internationale, puis fera des missions d'évaluation du système de santé. L'ambiance à son arrivée à Médecins du monde est plutôt tendue. Il règne sur

---
1. Groupe d'étudiants préparant un concours ensemble.

Un parcours humanitaire

place une « guéguerre » larvée interne entre les chirurgiens et les médecins traditionnels. Les chirurgiens bougent plus, agissent de façon plus inhabituelle, vont moins là où on les attend. Ils n'ont au début pas réellement fait partie de l'appareil dirigeant de l'association. Plus proches sans doute de l'expertise initiale de Bernard Kouchner, ayant une vision plus directement opérationnelle, ils représentent une classe à part. Plus que d'autres spécialistes, ils sont des électrons libres. Les conflits éclatent souvent, en particulier avec Michel Brugières, aujourd'hui directeur général, qui fut directeur des missions et s'est toujours un peu défié d'eux.

Comme plus tard avec Mère Teresa, comme plus tard avec Jean-Antoine Robein, Foldes fait ces années-là la rencontre d'un homme avec qui il restera très lié. Alain Deloche, chirurgien, fondateur de La Chaîne de l'espoir, conférencier en internat, spécialiste de chirurgie cardiaque, a des idées fantastiques même s'il reste « très chirurgien », l'un de ces mandarins qui ont l'habitude de se faire servir et sont à l'opposé de l'idéal « jetable » découvert par Foldes au Liban. « Il est comme moi, il a découvert l'humanitaire avec Kouchner, avec une conception plus immédiate, plus chirurgicale qui a posé problème. C'était quelqu'un avec beaucoup de charisme, une vision festive de l'humanitaire. Il faut prendre du plaisir à faire ce qu'on fait, même voire surtout quand c'est éprouvant. Cette vision n'est hélas pas très répandue dans le Médecins du monde actuel. »

Quand Alain Deloche deviendra président de l'association, elle connaîtra des heures chaudes, et il y aura à un moment deux clans nettement marqués, les pro-

Deloche et les anti-Deloche. Inutile de préciser où se range Foldes... Entre les deux hommes, entre l'humanitaire qui n'est plus tout à fait débutant et le grand maître sans doute un peu rigide naissent des liens très forts. Pierre sent en lui un pair, même s'il voit ses insuffisances. Et Deloche emmène Foldes partout avec lui, lui offrant de vraies responsabilités. Le nouvel arrivant est attiré par l'Asie, alors que tout le monde s'occupe de l'Afrique. Sa bonne connaissance de l'anglais lui sert. Il devient responsable des missions de formation d'aide bilatérale au Vietnam, ce dont le pays a alors vraiment besoin. Il y part. Plus tard, ce seront le Cambodge, le Triangle d'or, la Birmanie, pays où il rentre vraiment dans le système Médecins du monde et intègre le conseil d'administration. Mais pour l'instant, en 1985, il se retrouve à Saigon.

Les femmes, encore. De ce pays où il envoie de nombreuses équipes et assure la coordination des missions, c'est d'elles qu'il se souviendra. La guerre, qui a tué beaucoup, a laissé une contrée exsangue où elles représentent 60 % de la population. Elles sont chirurgiens, elles sont directeurs d'hôpitaux. Le maire de Saigon est une femme. Elles tiennent leur rôle de mère et, à côté, ces postes de responsabilité. Leurs visages repassent devant ses yeux, et avec eux l'énorme énergie qu'ils dissimulaient : Mme Phung, directrice à l'hôpital de Saigon du service de gynécologie, chirurgienne, directrice, mère de famille, simple, efficace ; Mme Tranh, qui faisait de l'importation de médicaments sur le Sud-Vietnam, avait un enfant handicapé, en élevait six, faisait manger tout le monde et abattait un travail phénoménal d'appels d'offres, de sélection. Elle avait réglé seule le problème du choix des sondes urinaires pour tout le Vietnam, en deux missions d'une semaine. « Qu'ont ces femmes que nous n'avons pas, nous les hommes ? Dans ces situations exceptionnelles, elles possèdent quelque chose de plus, peut-être la notion de l'essentiel. Elles laissent tomber le pouvoir ou l'affirmation de soi. Au Vietnam, elles avaient cette passion de développer le pays pour leurs enfants et ne se heurtaient pas encore à la corruption. » Cela ne durera pas. Après le marasme, l'aide bilatérale s'épuisera, les dollars reviendront et les hommes reprendront le pouvoir. La corruption retrouvera ses droits. « Mais il y aura eu un "moment femme" extraordinaire. » L'opinion de Pierre Foldes sur les femmes, ce mélange d'admiration, de respect et d'envie d'aider, se nourrit avidement de ces rencontres. « Les femmes chez moi c'est exceptionnellement important. L'excision ne m'est pas tombée dessus par hasard. Ce n'est ni une coïncidence ni un épiphénomène. Mon parcours humanitaire a été marqué par des moments où les femmes étaient aux commandes. » Au Vietnam, il rejoindra Béatrice, jeune médecin biologiste, représentante de Médecins du monde, en charge d'un projet sur l'hépatite B. Partageant ses idéaux, elle deviendra sa femme et ils auront deux enfants.

Ce jour-là, il est sorti en retard de l'aéroport de Saigon. Les formalités de douane ont été longues. Il n'y a plus de taxis, plus d'autre moyen de se rendre chez lui qu'un pousse-pousse. C'est un très vieux monsieur qui le tire. Il hésite mais n'a finalement pas le choix. Le vieillard l'amène au centre de Saigon, remercie pour le généreux pourboire que Pierre lui laisse. Plus tard, leurs routes se recroiseront : le conducteur de pousse-pousse était en fait le chef du centre de chirurgie digestive qui n'avait pas d'autre moyen de gagner sa vie... Malgré ses absurdités, pourtant, le socialisme lui semble, pour une courte période, en phase avec les besoins du peuple. « Il y avait de bons côtés et des côtés épouvantables. C'était moins le bordel que le Cambodge et le Laos. Il y avait une organisation, ce qui, dans un contexte ou il n'y a rien, est toujours mieux que ce rien : un district, des divisions, un système bureaucratique mais avec un minimum de structures, de références. »

A l'intérieur de la dictature birmane

En 1989, il part en Birmanie avec Alain Deloche, au moment de la plus grande opacité du régime. Le pays est alors totalement sous la coupe du régime du général Saw Maung. En juin, une loi est passée prévoyant le multipartisme et le transfert du pouvoir à un gouvernement élu après une élection, mais rien de concret ne la suivra. Des émeutes ont éclaté en juillet, prélude à de très nombreux emprisonnements. Rien ni personne ne pénètre dans le pays, sinon quelques aides bilatérales sélectionnées.

L'ambiguïté de l'humanitaire est alors totale : comment aider sans être complice ? Comment traiter avec des gens qui se méfient de vous, comment jouer à la fois un rôle de témoin et garder leur confiance, comment aider ceux qui ploient sous l'oppression ? L'aide doit-elle être uniquement médicale ? Y a-t-il

Un parcours humanitaire

d'autres actions possibles ? Là, dans ce Rangoon arpenté par les militaires, dans cette ville craintive où le couvre-feu règne, sous ces pluies diluviennes qui ne parviennent pas à cacher la misère et le dénuement le plus extrême, les questions se pressent dans sa tête. Il n'a encore jamais été confronté à ce point au problème, problème jusque-là tout intellectuel et qui se pare à ce moment de tout le poids du vécu. Ces questions, il les pose sans pour autant trouver de réponses à la principale opposante du pays, Aung San Suu Kyi, futur prix Nobel de la paix, alors emprisonnée. La Ligue des droits de l'homme a demandé à Pierre de remettre un prix à Suu Kyi. Bien qu'elle soit en prison, en faisant jouer quelques maillons de la longue chaîne des contacts clandestins, il arrive à l'approcher, et a un ou deux échanges avec elle. Le temps de s'apercevoir surtout de leur désaccord. Très engagée, Aung San Suu Kyi veut boycotter le régime à tout prix : pour elle, n'importe quelle action humanitaire ne fera que le soutenir. Venant de cette femme au parcours irréprochable et qu'il admire profondément, la prise de position le rend encore plus perplexe. Il lui faudra plus de temps, plus d'expériences, plus de contacts avec ces dictatures souffrantes pour que ses convictions s'affirment. Aujourd'hui, sa réponse est plus ferme. « Je suis convaincu que non, qu'il n'y a dans le fait d'être présent même dans les endroits les plus sombres de la planète aucune complaisance. Il est nécessaire d'être là et nous avons un devoir de témoignage. Le contact direct avec les populations, qui le disent elles-mêmes, nous l'apprend tous les jours. Ce qui nous fait progresser, c'est la constance de la présence. Pas le retrait au nom de principes. »

Victoire sur l'excision

Pour pouvoir assurer cette présence durable, il lui faudra aussi apprendre à négocier, faire la découverte du double jeu, de l'hypocrisie partagée, s'entraîner à séduire en mentant pour obtenir ce qu'il veut. Et confronter ses convictions au vécu très différent de ceux qui ne les partagent pas. « Il fallait d'abord se rendre compte que les idéologies, les nôtres, ne permettaient pas d'atteindre ces populations, lesquelles paraissaient de façon criante en état de souffrance. Il fallait donc aller au-delà d'un certain nombre de conventions et de principes pour avancer vers les gens. Donc développer de notre côté un double langage tout en restant parfaitement clairs. »

Après une première mission en binôme avec Deloche, il prend seul la responsabilité du programme, qui doit expertiser des hôpitaux à Rangoon et autour. Les premières missions sont des missions chirurgicales. Mais elles ne seront pas que cela : en sous-main, elles permettront de bâtir un véritable pont entre la communauté médicale birmane et les *french doctors* et de faire une véritable approche des populations. Tout de suite, alors qu'il a « les mains dans le cambouis » comme il l'aime, il réfléchit à la pérennité de son action. Bien sûr, Médecins du monde arrive, tâche déjà capitale, à mener de véritables missions de coopération bilatérale et à conduire une expertise du système de santé birman. Mais ensuite ? Comment, sur quoi fonder et légitimer une présence qui permettrait de faire autre chose que du « bricolage », aussi nécessaire soit-il ? Quel choix stratégique à long terme ? Au bout de trois ans, l'association s'oriente vers la lutte contre l'épidémie de sida, gravissime dans ce pays où la maladie galope en grande partie à cause de l'in-

Un parcours humanitaire

fluence de la drogue (70 % de l'héroïne mondiale y est produite, dans une région devenue tristement célèbre sous le nom de « Triangle d'or »). Par ce combat, ils pourront rester sur place. Une fois faite l'expertise des fonctionnements intimes et des besoins réels des populations, le travail de lobbying qui doit obligatoirement précéder toute intervention en est extrêmement facilité. La Birmanie a à cette époque une très forte activité diplomatique pour se faire admettre dans les rangs de l'ASEAN[1]. Elle n'hésite pas à mettre en avant un certain nombre de politiques mensongères notamment dans le domaine de la santé. Le savoir est particulièrement important. C'est lors de ce séjour que le docteur Foldes prendra pleinement conscience de l'importance fondamentale du travail de terrain. « On ne l'acquiert qu'au bout de plusieurs années de pratique continue dans un pays. » Depuis, il ne juge que sur place, et continue aujourd'hui encore de partir régulièrement se ressourcer là-bas, là où les choses se comprennent, s'organisent : sur place. « Pour l'excision, c'est pareil. Rester longtemps dans les pays concernés est le meilleur moyen, et sans doute le seul, de comprendre vraiment de quoi il s'agit. »

De ces années d'Asie, une autre anecdote émerge. A l'ancienne Tourane, au Vietnam, on lui fait visiter un hôpital de district installé pour développer la chirurgie pédiatrique. C'est avant l'ouverture touristique du pays, et les Occidentaux sont encore rares. A Danang, où il se rend, se trouvent encore deux

---

1. Association of South East Asian Nations.

grandes pistes doubles de B 52, et tout près ces fameuses collines où eurent lieu des batailles meurtrières, une guerre de tranchées comparable à celle qui endeuilla Verdun. Il n'y a là qu'un seul restaurant correct. Accompagnés d'un représentant du parti, inévitable concession à l'« hospitalité » vietnamienne, Foldes et son équipe sont les seuls Occidentaux. Jusqu'à l'entrée dans la salle d'un groupe bizarre. Les repérant, il s'avance et leur est présenté. Ce sont trois généraux de marines, de retour sur les lieux où ils se sont battus. Ils commencent à raconter leur aventure, ayant pendant la guerre dirigé des compagnies massacrées là, sur ces collines qui s'étendent à perte de vue. Ils doivent rencontrer le général Giap le lendemain. Le groupe dont fait partie Foldes est invité à ces retrouvailles du vainqueur et du vaincu. A 5 heures du matin, ils montent sur les collines avec les trois généraux. Sanglé dans son uniforme, légende vivante de la guerre, Giap lui-même les attend, accompagné de généraux nord-vietnamiens. L'émotion devient vite incontrôlable. Les ennemis d'hier se retrouvent, regardant ces collines en silence : « Je les ai vus pleurer, disant : "Qu'est-ce qu'on a fait, quelle absurdité, tous ces morts." Ils avaient conscience de tout ça. Ce n'étaient plus des ennemis, mais des gens qui avaient partagé une page monstrueuse de l'histoire. J'étais complètement retourné. Des moments comme celui-ci participent du progrès humain. »

Un parcours humanitaire

Le décalage à Sarajevo

Dans les années 80, une grande partie de l'attention humanitaire se porte vers les Balkans et la ville martyre de Sarajevo. Comme beaucoup d'autres, Pierre Foldes y partira. Là, dans un conflit confus où les « gentils » et les « méchants » se confondent, dans une ville prisonnière livrée aux changements de pouvoir et à la terreur que font régner les bombardements et les francs-tireurs, il affine sa vision de l'humanitaire. « J'ai découvert lors de mes premières expériences d'expatriation les bienfaits d'une vertu trop rare : le décalage. J'entends par là le fait de mettre des gens dans des situations auxquelles ils ne s'attendent pas, et de les sortir de leur contexte habituel. Que Nicolas Sarkozy parle aux socialistes et Olivier Besancenot à l'UMP ! Que les gens ne soient pas là où ils sont à leur place ! Ceci permet un échange d'idées passionnant, et de progresser beaucoup plus rapidement dans des domaines conflictuels. »

Sarajevo n'est pas une ville du tiers-monde dépourvue de moyens. La couverture médicale est suffisante et les praticiens bosniaques parfaitement à même de faire face à la situation. En arrivant, les chirurgiens humanitaires tombent sur des équipes épuisées, mises à genoux par le surcroît de travail, notamment dans des périodes de conflit intense où le volume des admissions est vite ingérable. L'isolement est dramatique et l'absence d'approvisionnement limite considérablement les capacités d'action. Mais que faire ?

Victoire sur l'excision

Arriver de façon classique avec des équipes, du matériel, et un savoir-faire « occidental » ne résout cette fois rien. Alors ils se font tout petits, pour se mettre aux côtés de leurs homologues et apporter le plus basique des soutiens : tenir une main sur un écarteur, faire un simple pansement ou veiller un patient. « A partir de ce moment-là, il n'était pas besoin de parler le serbo-croate pour se faire comprendre. Et, au stade suivant, nous pouvions apporter une aide réelle d'approvisionnement ou d'échanges techniques. J'ai reconnu là des expériences antérieures qui m'avaient fait rencontrer des chirurgiens, en Birmanie, au Vietnam, en Inde, dans des pays où la différence des cultures interdisait un rapport simple. A Sarajevo, le décalage a permis l'apprentissage d'une véritable communication par-delà la différence des langues et des cultures, et l'aboutissement d'un travail commun efficace. Une véritable fraternité a ensuite permis d'aller beaucoup plus loin. Dans de telles situations, je m'imagine toujours une catastrophe majeure à l'échelon français et la vision de blocs opératoires surchargés dans lesquels débarqueraient des bataillons de chirurgiens nord-américains forts de leur supériorité et de leurs habitudes. En fait, la médecine d'urgence et la chirurgie sont des domaines où l'élément humain est beaucoup plus important qu'on ne le pense, et dépasse largement en termes d'efficacité opérationnelle tous les aspects techniques. Ce qui fait la force d'une équipe dans la chirurgie de guerre, c'est l'expérience, la fraternité et l'esprit d'organisation, un facteur purement humain intervenant dans la science chirurgicale. C'est ce que je voudrais retrouver dans la lutte contre l'excision, où il faut finalement sortir un rituel des interprétations philosophiques et des traditions pour en revenir à une approche beaucoup plus simple et pragmatique de la souffrance humaine. Un médecin, surtout dans des situations extrêmes et inhabituelles, doit revenir au fondement de son engagement : pourquoi y a-t-il anomalie, pourquoi y a-t-il douleur, pourquoi y a-t-il souffrance et pourquoi la refuse-t-on, pourquoi s'engage-t-on dans un geste de soin ou de réparation ? Tous ces principes acquis sur le terrain ont validé mon engagement contre les mutilations. »

Mère Teresa

« Dimanche 3 septembre 1989, le petit orage qui éclate sur le Morbihan ne suffira pas à verdir la lande desséchée de cette fin d'été.

A huit mille kilomètres plus à l'est, une grosse pluie de mousson s'abat sur les faubourgs de Calcutta. Les premières gouttes frappent le sol terreux surchauffé et s'évaporent aussitôt. Bientôt les égouts des rues basses déborderont et iront baigner les chevilles nues des rickshaws. Mais l'homme-cheval garde le sourire, il apprécie l'averse qui adoucit la fournaise et fait momentanément passer le thermomètre sous la barre des 45 degrés.

A l'ouest de la rivière Hoogly, bras du delta du Gange, se dresse la gare de Howrah, l'une des plus grandes de l'Inde. Un train arrive de Madras via l'Orissa et déverse son fleuve humain. Sur le quai gît

Victoire sur l'excision

un tas de chiffons qui bouge vaguement. Les Bengalis savent que des familles, de l'autre bout du pays, abandonnent parfois leurs mourants dans les trains et les envoient s'échouer et agoniser sur un quai ou un trottoir de la grande métropole.

Ils savent aussi que maintenant, plus personne ou presque ne meurt dans la rue à Calcutta. Au fond de la gare, trois femmes en sari blanc bordé de bleu ont remarqué l'homme. Elles amènent un brancard, le portent dans un minicar un peu cabossé qui le conduira derrière le temple de Kali au Nirmal Hriday, aussi appelé *home for the dying and destitutes*, en français le "mouroir".

Ces femmes sont des missionnaires de la charité, ordre fondé en 1950 par sœur Agnès Gonxha Bojaxhiu, plus connue sous le nom de Mère Teresa. »

Ce texte, écrit par Pierre Foldes, est le témoin d'une des grandes rencontres de sa vie : celle de la « petite sainte de l'Inde ». La découverte du sous-continent, dans lequel il se rendra vingt-sept fois pour des missions de formation, est un choc dont il ne se remettra jamais. Aujourd'hui encore, sa bibliothèque est remplie de livres sur ce pays qui restera sa Némésis. « L'Inde a le pouvoir magique de faire oublier la misère, et même de la rendre belle à force de senteurs, de couleurs et de densité spirituelle. Ceci est également valable pour ceux qui sont venus (c'était mon cas) la rechercher, l'évaluer et mettre à l'épreuve un certain "vœu hippocratique" autrefois prononcé. Calcutta a le mérite de remettre les idées en place, avec 70 % de sa population dans les *slums*, ses millions de sans-abri, ses transports en commun prévus pour le dixième des usagers effectifs. »

Un parcours humanitaire

Il cherche à monter des missions de formation en urologie pour les Indiens. L'idée est de rencontrer des médecins bengalis pour essayer de médicaliser ces mouroirs. « C'est le point commun avec la réparation de l'excision : médicaliser. Un acte médical est un contrat entre quelqu'un qui demande et quelqu'un qui offre. Dans cette prise de parole initiale, il y a ce qu'on appelle le dialogue singulier. C'est différent d'un rapport de séduction, de force, d'un dialogue classique. C'est une approche complète de la personnalité humaine, pas seulement de la santé. Ma vocation est cette espèce de miracle. Arriver au moment où quelqu'un me dit : "J'ai mal mais ça retentit sur ma vie de couple, etc." Si on veut bien se donner le temps, on peut en arriver là. C'est cela que je redécouvre avec les excisées : la globalité des gens. Couper un clitoris, c'est bousiller une femme entière. »

Il arrive à Calcutta, après avoir exploré la fameuse Cité de la joie, de retour d'une mission dans le Maharashtra. C'est lui qui a voulu rencontrer Mère Teresa, avec qui il a déjà pris contact par lettre. Elle est là, conforme à sa légende, vêtue de son habit blanc. Elle s'approche de lui, toute simple. Ses yeux se vrillent aux siens. « Pourquoi êtes-vous venu ? » Il se sent soudain tout nu, bafouille : « Pour vous aider. » Elle sourit : combien de fois a-t-elle entendu la réponse ? « D'accord. Mais venez d'abord voir comment on fait. »

Il se retrouve à la prière, dans la chapelle de Mother House au 54 A de la Bose Road, un grand espace rectangulaire et nu qui donne sur une des rues les plus passantes de Calcutta. L'endroit est couvert de tomettes à l'indienne, rouges et cirées. Un autel avec une petite statue de la Vierge en occupe le centre. Une seule inscription, *I thirst,* « J'ai soif ». Les fenêtres sont ouvertes car il fait très chaud et trois hommes y prient avec les novices, puis les sœurs, puis Mère Teresa. Lui, comme tous les étrangers, noyé dans la foule de trois cents personnes qui assistent à la cérémonie, regarde. Il y a d'abord une alternance de chants et de prières, puis Mère Teresa médite en silence dans ce brouhaha monstrueux. C'est presque risible. Jusqu'à ce qu'il s'aperçoive que le silence et le bruit entrent en compétition et que le silence finit par l'emporter. « Le silence semblait monter, s'amplifier et vouloir étouffer le vacarme du dehors. L'impression était celle d'une force, d'une puissance tirée de la prière à laquelle rien ne saurait résister. Et le silence finit par écraser le bruit. Je trouvais cela tellement fort que je n'avais pas envie d'y mettre même une étiquette de foi. J'ai senti une intense création d'énergie, des gens qui se ressourçaient. Cette expérience tangible, presque physique, d'une prière chrétienne en terre bengalie restera pour moi le souvenir le plus fort de ces séjours. Il m'a semblé que là résidaient la clé et l'essentiel de cette œuvre admirable. Bien sûr, en racontant cela chez moi, je me faisais vilipender. Ça m'embête de le cataloguer : c'est peut-être une expérience commune à plusieurs religions, pourquoi pas ? »

Il apprend à mieux connaître cette femme étrange, dont l'efficacité dans le désordre ambiant le stupéfie. Mère Teresa se refuse à ce que les gens meurent dans la rue. Elle emploie des équipes qui, dans la gare d'Howrah en particulier, ramassent ceux qui viennent de toute l'Inde y mourir. Des cadres infirmiers s'occupent ensuite d'eux. Dans son mouroir, la propreté est

Un parcours humanitaire

absolue, les « admissions », fruit du travail des équipes travaillant sur le terrain, se succèdent toute la journée. Les arrivants sont déshabillés, lavés, regroupés par ethnie et par religion dans deux salles, hommes et femmes, en deux rangées de brancards orientés est-ouest selon la tradition hindoue. Les soins sont immédiatement prodigués par les sœurs. Une douzaine de volontaires, infirmières, bénévoles non qualifiés aident en permanence. Il y a parfois un médecin ou deux. Deux fois par semaine, un docteur indien volontaire fait une visite sommaire. Les pathologies sont toutes celles de la misère. Pierre verra, à la demande de la sœur responsable, l'ensemble des cas « chirurgicaux ».

Parmi tant d'autres, une anecdote se détache, révélatrice à ses yeux du côté exceptionnel de l'endroit. Un groupe d'expatriées blanches, des Suisses dont une surveillante d'hôpital de Genève, travaillaient avec Mère Teresa à développer des soins infirmiers auprès des mourants. Elles le faisaient avec la rigueur et l'efficacité des surveillantes suisses : comment couper des compresses, que faire avec du savon et sans antibiotiques, que faire quand on n'a rien ? Cela supposait des gestes très difficiles, comme débrider les plaies des mourants. Une des Suisses apprenait à une novice du Kerala (province où il y a une forte communauté catholique) à couper les peaux, à faire les pansements. Quand Pierre dut quitter le « mouroir » pour la première fois, la jeune novice commençait juste son difficile apprentissage. Quand il revint, trois mois après, elle faisait tout à une vitesse stupéfiante, en permanence efficace. « Il s'était passé quelque chose de l'ordre du déclic plus que de celui de l'éducation. Ces petites mains noires qui découpaient l'escarre avaient quelque chose de mystique, leur danse était un message, un témoignage permanent. Ce geste si différent, si impliquant, relevait du miracle. C'était une sorte de caresse, qui imprimait à la foi chrétienne la marque indélébile de l'Inde. »

Avec les médecins bengalis, il réorganise une présence médicale dans les mouroirs. Au-delà de l'accompagnement, quelques gestes très simples obtiennent beaucoup de résultats : un système de prélèvement biologique pour obtenir une amorce de diagnostic et une présence clinique, c'est-à-dire quelques soignants au milieu des accompagnatrices pour proposer quelques gestes thérapeutiques. Les gens ont beau être venus mourir ici, il s'essaie à retarder l'échéance pour quelques-uns. « C'est la pureté de la médecine : essayer de comprendre autrement que par des incantations ce qui se passe et en tirer des conséquences. Là, pour certains, le soin s'imposait. »

On lui a souvent demandé ce qu'était pour lui cette femme hors du commun. Là encore, il choque le milieu catholique qui l'interroge : « Pour les Indiens, c'est une sainte indienne. Pour moi, ce n'en était pas une. C'était d'abord une femme, avec des qualités féminines strictes. Aucun homme n'aurait pu faire ce qu'elle a fait. Mère Teresa est capable d'accompagner le mort, de s'investir totalement dans ses dernières minutes avec deux sens principaux : le regard et le toucher. Ses mains transmettent une vraie énergie. Je l'ai sentie physiquement, et j'ai vu des mourants qui étaient au bout du rouleau (trois cancers, la tuberculose, amputés de trois membres) finir leur vie là. Mère Teresa les accompagnait au dernier moment et il se passait quelque chose, je ne sais pas de quel ordre, mais quelque chose. J'ai vu cela de multiples fois. Ça ne me paraît pas un acte de foi, mais une espèce de transfert d'énergie des derniers moments. Cela prend énormément de soi. Je l'ai revécu sur d'autres missions avec beaucoup de morts, comme à Sarajevo. On peut le faire, mais il y faut une énergie folle, après laquelle il est nécessaire de se ressourcer. Depuis, j'ai toujours ce réflexe d'être là quand les gens meurent et que je me suis occupé d'eux. Je ne sais pas si c'est bien. Mère Teresa avait développé un art de ça, et apprenait à ses novices à le faire. »

« *A ma mère en humanitaire* »

Pour la mort de Mère Teresa, il écrit un texte, qu'il lira sur l'antenne de France-Culture. Ce texte, le voici. Il dit mieux que de longues descriptions à la fois tout ce que cette femme hors du commun lui aura apporté et ce qu'il aura transposé plus tard de cette expérience dans sa vie et ses combats de chirurgien :

« L'Union indienne hindouiste, bouddhiste et musulmane pleure la perte d'une mère comme elle a pleuré Gandhi.

Si les foules qui se pressent autour de Mother House vénèrent une "sainte" au sens indien du terme, c'est qu'un symbole est tombé dans le sous-continent de toutes les exclusions et de toutes les violences.

Nous qui polémiquons sur la rigueur du message catholique risquons de passer à côté de la réalité d'un engagement qui marquera l'histoire humanitaire. La

Victoire sur l'excision

famille tamoule qui laissait au train un mourant pour son dernier voyage de deux mille kilomètres vers Calcutta savait qu'à l'autre bout l'impossible s'opérait. La prise en charge terminale de tout agonisant dans la capitale du Bengale peut nous paraître un objectif abstrait, mais dans la réalité atroce de cette agglomération gigantesque, c'est un fait dont tout Indien peut mesurer l'inconcevable.

Pour avoir eu la chance de travailler à ses côtés, j'ai reçu trois enseignements majeurs :

– On peut réaliser l'essentiel avec très peu de moyens, en restant présent à des moments clés de la souffrance humaine. Dans ces culs-de-sac de la déchéance où le clinique ne révèle que l'effarant, des gestes simples, portés par suffisamment de volonté, aboutissent à des résultats réels et tangibles.

– L'ampleur de la tâche n'est jamais une fatalité, et la goutte d'eau devient rivière. C'est seule et sans aucune aide que Mère Teresa a commencé dans les *slums* et a traqué le pire du pire durant quinze années, bien avant les dons, les médias et la fondation de son ordre. Avec sa disparition les Bengalis, experts en promesses non tenues et politiques stériles, mesurent l'immensité de l'œuvre, le concret et le palpable.

– La force du symbole enfin, qui a pris toute sa dimension dans une Inde en transition, où le même message a porté parmi trois cents castes, deux cents dialectes et six religions dans une province frappée de plein fouet par la partition, l'exode et la guerre.

Là où Gandhi a réussi l'indépendance, mais échoué dans sa prière non violente, Mère Teresa a imposé la révolte contre la pauvreté et le refus de l'inéluctable. Pour ce peuple de toutes les souffrances, elle est devenue un mythe en refusant d'abdiquer dans les situations les plus désespérées en conquérant des résultats concrets par la durée et l'action.

L'action : ce mot résume toute sa vie et c'est pourquoi elle est si proche du presque milliard d'Indiens de toutes origines.

C'est aussi le très universel message qui nous est adressé à nous, volontaires humanitaires. A la source est la volonté, qu'elle nommait foi et que nous appelons engagement ou militantisme.

Pour être clair, je livrerai deux sentiments forts, ressentis en la voyant près des agonisants de Calcutta : celui d'une fusion totale avec le pays, car ses gestes, ses regards, son toucher, ses approches et son discours étaient totalement indiens. Comme en témoigne son appropriation complète par le sous-continent, Mère Teresa est indienne ; celui d'un œcuménisme de fait, par son immersion totale dans la culture, la langue et la croyance de son interlocuteur dans des échanges où sa foi catholique, au dire des patients eux-mêmes, n'était apparemment pas perceptible et en tout cas jamais mise en avant.

A la base la volonté, la primauté de l'action, le refus du découragement.

L'Inde a entendu le message et mesure son deuil. Elle a perdu sa sainte.

Merci de la leçon.

Namaska mother. »

3.

Sa première patiente

Quand, pour la première fois, un peuple a-t-il prôné l'excision ? Faut-il remonter à la nuit des temps, quitte à charger la pratique d'une embarrassante légitimité historique ? Il semble en tout cas qu'elle ait existé dans ces lieux de la première néolithisation occidentale que sont l'Egypte, l'Ethiopie, la Syrie, la Perse. Hérodote[1] fut le premier, au IVe siècle avant Jésus-Christ, dans son *Enquête*, à signaler la pratique de la « circoncision[2] » chez les Colchidiens, les Ethiopiens et les Egyptiens. On parle ensuite de « circoncision pharaonique », ce qui désigne clairement la civilisation égyptienne comme l'une des fondatrices du rite. La première mention de l'excision proprement dite est faite sur le 15e papyrus grec du British Museum, qui date de 163 av. J.-C., sous le règne des Ptolémées, et, racontant une escroquerie, mentionne celle que devait subir une adolescente[3]. Il s'agit d'ailleurs alors de sa forme la plus cruelle, l'infibulation, qui semble

---

1. Hérodote, *Enquête*, Gallimard, 1964.
2. On verra plus loin les ambiguïtés et les assimilations nombreuses entre l'excision et la circoncision masculine.
3. Cf. *L'excision*, Françoise Couchard, coll. « Que sais-je ? », PUF, 2003.

Victoire sur l'excision

être l'état premier de l'excision, duquel les autres techniques ont découlé. Des momies égyptiennes portent nettement trace de clitoridectomie et d'infibulation. Au Ier siècle, Strabon parle de « découper les parties honteuses ». Il affirme que les juifs la pratiquaient, ce que nie Philon.

La méconnaissance des organes féminins est alors encore grande. Dans son célèbre *Gynécologie*, Soranos, médecin à Rome sous le règne de Trajan, désigne l'ensemble externe du sexe sous le terme de *nymphon* et décrit son ablation, la justifiant par des raisons d'hygiène et d'esthétique. Jusqu'au Moyen Age (et encore aujourd'hui, où cette confusion sert de fondement à certaines justifications culturelles) perdure l'idée d'une équivalence entre sexes masculin et féminin, le second étant une inversion atrophiée et moins réussie du premier. Galien mentionne pourtant le clitoris comme un ornement du sexe. Mais Avicenne estime qu'il doit être « corrigé par la chirurgie ». Un débat s'engage sur la masturbation, qui tend à rendre la femme plus coupable que l'homme car c'est elle qui porte l'enfant. Le rôle de cette copie de verge dans ces débordements est fortement affirmé. Une école avicennienne, dont le théologien Albert le Grand est, au XIIIe siècle, un des représentants éminents, va considérer que l'excision est un moyen de réduire ces dérives.

Pierre Daniel Huet, au XVIe siècle, notait à propos des commentaires d'Origène sur les Ecritures saintes : « Cet organe (le clitoris) se développe tellement chez les femmes qu'il est nécessaire d'en arrêter la croissance par le fer. Pour cette raison, il parut bon aux Egyptiens d'amputer cette partie du corps avant qu'elle ne débordât trop et au moment où les filles

Sa première patiente

commencent à être en âge de se marier. » Et Diderot, consacrant un article de l'*Encyclopédie* au clitoris, évoquait l'excision : « Lorsque le clitoris avance trop en dehors de la femme, on en retranche une partie et c'est en quoi peut consister la circoncision des femmes. Il y a des femmes qui l'ont fort gros et fort long. Il ressemble en beaucoup de choses à la verge du mâle, ce qui fait que quelques-uns l'appellent verge de la femelle[1]. »

A la même époque James Bruce, voyageur du XVIIIe siècle, et Richard Burton, l'un des découvreurs des sources du Nil, mentionnent l'excision. James Bruce raconte les efforts des missionnaires catholiques pour l'interdire chez les chrétiens d'Egypte, les coptes, car ils croyaient que c'était une coutume juive, avant de revenir sur leurs efforts et l'autoriser.

On la retrouve en Occident au XIXe siècle, où elle était considérée comme susceptible de guérir l'hystérie, la nymphomanie et la tendance à la masturbation. En 1822, le docteur Graefe, qui voulait supprimer les envies masturbatoires chez une adolescente de quinze ans mentalement déficiente, avait pratiqué l'ablation du clitoris après avoir tenté la camisole de force et l'application d'une pièce de cuir hérissée de pointes sur le sexe. Un médecin de l'Académie des sciences de Paris avait également, en 1882, pour lutter contre les tendances à la masturbation de deux petites filles de dix et six ans, cautérisé à quatre reprises leur clitoris. Pour l'aînée, au moins, la folie fut au bout du traitement. Le docteur Poulmet, médecin français, ou

---

[1]. Denis Diderot, article « Clitoris », in *Encyclopédie : Dictionnaire raisonné des sciences, des métiers et des arts.*

Victoire sur l'excision

Isaac Baker Brown, chirurgien anglais, défendirent son usage. Isaac Baker Brown montra même un tel zèle pour la clitoridectomie entre 1850 et 1867 que la société anglaise d'obstétrique l'exclut de ses rangs. La princesse Marie Bonaparte signale le cas d'une de ses patientes qui, très portée sur la masturbation, s'était volontairement fait abraser le clitoris, mais continuait de tenter de prendre du plaisir en caressant la cicatrice[1]. Aux Etats-Unis, l'*Orificial Surgery Society* plaidait pour la suppression de ces organes car « le diable y logeait », et l'excision fut pratiquée jusqu'en 1925. Le dernier cas recensé date de 1948. L'excision eut lieu en Angleterre, la victime en était une fillette de cinq ans.

L'histoire de l'excision devient ensuite aussi celle de sa dénonciation, et du conflit culturel qui allait en naître. C'est en Afrique du Sud, en 1920, que, pour la première fois, des voix s'élèvent contre elle. Dans plusieurs pays d'Afrique, les missionnaires catholiques tentent d'éradiquer la coutume, pas toujours pour des raisons très nobles (en Egypte, on l'a vu, ils croyaient que c'était une coutume juive...). Dans les années 20 encore, les missions protestantes s'étaient élevées contre la pratique au Nigeria. Au Soudan, en 1921, était créée une formation en matière d'obstétrique. En 1943, un comité médical se penchait sur le problème de l'excision, ce qui allait aboutir à la loi de 1946 l'interdisant. Ces premières initiatives sont pourtant souvent un échec : les conseils sont peu suivis et les jeunes filles qui n'ont pas été excisées par leurs

---

1. Marie Bonaparte, « Notes sur l'excision », in *Revue française de psychanalyse*, PUF, 1948.

parents ont du mal à trouver un mari ou, quand elles le trouvent, sont immédiatement remises entre les mains de l'exciseuse par l'époux.

Déjà le conflit culturel se dessine. L'opération peut même devenir un enjeu étonnant dans le combat contre les valeurs coloniales. Au Kenya, pendant la révolte des Mau-Mau en 1956, des jeunes filles de la région de Meru ont fait de l'excision leur défi aux autorités britanniques, s'entre-excisant comme preuve de courage et affrontant ensuite arrestations et condamnations. En Erythrée, où l'indifférence des colons pendant les colonisations anglaise et italienne avait été patente, l'occupation éthiopienne avait entraîné une répression très forte de la population. L'excision était ainsi devenue une marque de défense de la culture érythréenne, comme la langue ou l'écriture. Il fallut attendre les années 80 pour que le FPLE (Front populaire de libération de l'Erythrée) entame une grande campagne de sensibilisation dans les zones libérées. Le problème a été d'autant plus sensible pour les femmes combattantes, élevées dans ces zones libérées que, en rentrant à la maison, elles se retrouvaient confrontées à la société patriarcale qu'elles avaient aidé à libérer. Cette société-là a vite repris les rênes. Avec son retour, les campagnes de sensibilisation ont baissé d'intensité et les excisions ont repris. Seule la diaspora érythréenne a sensiblement diminué la pratique, même s'il arrive encore que des exciseuses officient dans les pays d'accueil ou que les enfants soient envoyées au Yémen pour s'y faire infibuler. Au Tchad, un certain nombre de jeunes filles de l'ethnie sara se sont fait exciser à la fin des années 70, alors qu'il n'y avait guère de tradition parmi elles, mais cela leur apparaissait comme une forme de modernité.

C'est ensuite au Kenya que les missionnaires catholiques demandent l'abandon de la pratique, et que le futur président du pays, Jomo Kenyatta, s'affiche résolument pour sa poursuite, au point d'aller défendre son point de vue à Londres devant la Chambre des communes en 1930. Dans *Au pied du mont Kenya*, son autobiographie, rédigée en 1937, il écrira : « Il est interdit à tout Kikuyu, homme ou femme, d'avoir des relations sexuelles avec une personne n'ayant pas subi cette opération [1]. » Il devait en rester à cette position, puisqu'il déclarait à nouveau en 1963, alors qu'il dirigeait le pays [2] : « La clitoridectomie est sottement combattue par des pro-Africains trop sentimentaux. Pas un Kikuyu digne de ce nom ne souhaite épouser une fille non excisée, car cette opération est la condition sine qua non pour recevoir un enseignement moral et religieux complet. »

Un an plus tard, en 1931, les délégués européens présents à une réunion organisée par la Société pour la sauvegarde de l'enfance demandent l'abolition des mutilations. Les termes de « pratique barbare » et de « rites païens » sont utilisés.

---

[1]. Jomo Kenyatta, *Au pied du mont Kenya*, Maspero, 1973.
[2]. Cité par Benoîte Groult, in *Ainsi soit-elle*, Grasset, 1975.

Sa première patiente

Africain malgré lui

Quand Pierre Foldes a-t-il pour la première fois entendu parler de l'excision ? Pendant son service militaire à la Réunion, lors de la consultation de virginité pour les femmes tamoules qu'il effectue avec une infirmière tamoule toujours présente à ses côtés pour vérifier qu'il ne profite pas de la situation, il a déjà rencontré des femmes mutilées. Beaucoup de consultantes venant de Madagascar sont excisées. Mais aucune ne s'est plainte. Quand il en parle, on lui dit : « Non, ç'a toujours été comme ça. » Il ne réalise pas encore ce que cela veut dire. Il tente de soulager leur douleur quand elles en éprouvent, sans forcément réaliser pourquoi cette douleur existe. Il en a rencontré aussi lors de précédentes missions à Bobo-Dioulasso, dans ce qui est encore la Haute-Volta, et beaucoup au Maroc[1]. Elles étaient des patientes parmi d'autres, leur mal un mal parmi d'autres. Il faudra la vraie rencontre avec l'Afrique noire, et cette mission au Burkina-Faso dont il ne soupçonnait pas en la commençant l'importance, pour que, petit à petit, il comprenne ce que représente cette coutume « autre ».

Il ne prendra pas de posture à la Hemingway. Rien vraiment ne le poussait vers l'Afrique. Son coup de foudre à lui avait été l'Asie, l'Inde surtout, cette Inde

---

1. Des Africaines noires, pas des Marocaines. Le Maroc est un pays où l'on n'excise pas...

Victoire sur l'excision

où il avait tant appris auprès de Mère Teresa. « Je ne suis pas un Africain. » Des « Africains » comme on appelle à Médecins du monde ceux, nombreux, qui se passionnent pour le continent noir, il en rencontre beaucoup. Mais il n'est pas des leurs. « Il y avait des défis techniques séduisants, et je suivais des passionnés d'Afrique, mais moi c'était l'Asie qui m'avait transporté. Ce n'est pas une hiérarchie : c'est juste quelque chose de très différent. »

Il hésite avant d'exprimer le fond de sa pensée, comme s'il ne se sentait pas le droit de juger. « L'Afrique, mon ressenti de l'Afrique plutôt, ç'a été de tomber dans la préhistoire. En Asie, j'ai appris que c'était moi l'homme préhistorique. J'y ai trouvé une civilisation, un comportement, une spiritualité plus élaborés que ceux que je trouvais en Europe. L'Inde, c'est vingt-sept siècles d'existence et un sentiment d'éternité. C'est une densité que je n'ai pas sentie en Afrique. Ce sentiment très personnel reste très personnel. Peut-être n'y ai-je pas fait les bonnes rencontres. Question de tempérament aussi sans doute : l'Afrique festive ne me met pas forcément à l'aise. Alors que n'importe où dans la foule indienne, je suis bien... »

C'est pourtant à l'appel d'un de ces « Africains » dans lesquels il ne se reconnaît pas totalement qu'il s'y rendra. Jean-Antoine Robein fait partie du même club d'urologie que Foldes, un club appelé l'ANFUC, Association nationale de formation d'urologie continue. Des médecins de toute la France ayant une pratique privée et dépendant de la Société savante d'urologie s'y retrouvent. Ils sont entre quarante et cinquante. Robein et Foldes sympathisent tout de suite. Robein est lui aussi à Médecins du monde. Il travaille comme urologue dans l'est de la France, à Dole, où il est devenu spécialiste des fistules vésico-vaginales, ce fléau de l'obstétrique africaine.

On en parle peu, mais ce problème terrible est l'un des plus stigmatisants qui soient pour les femmes africaines. En cas d'accouchement difficile, plus fréquent peut-être en Afrique où les femmes ont souvent le bassin étroit, il se forme des ischémies qui aboutissent à des fistules, canaux de communication entre l'appareil urinaire et l'appareil génital. Les femmes qui en sont atteintes s'urinent dessus par le vagin en un flux continu. L'exclusion qui s'ensuit est immédiate et violente. Même leurs enfants rejettent parfois ces mères qui dégagent en permanence des odeurs insupportables, et certaines meurent car plus personne n'accepte de s'occuper de les nourrir. Ces exclusions qui durent des années, l'absence totale de soin médical entraînent des infections chroniques et des lésions plus graves. D'un point de vue chirurgical, la situation est souvent catastrophique : soixante-cinq millions de femmes souffrent de fistules. L'excision est l'une des causes de ce phénomène, en rendant l'orifice de sortie moins souple du fait de la cicatrice qui le couronne. Un traitement existe, mais la chirurgie reste hors de portée de l'Afrique. Déjà il a fallu mettre en place des trésors d'ingéniosité pour arriver à réparer certaines lésions jugées définitives : soigner des vessies avec de la chirurgie lourde alors que les opérations étaient faites dans des conditions chirurgicales ne permettant pas l'anesthésie générale était un vrai pari. Il a fallu trouver des parades, des astuces pour améliorer les anesthésies locales, en particulier en ce qui concerne la chirurgie du pelvis.

Victoire sur l'excision

« *Mission fistules* »

Robein convainc son ami de s'engager avec lui dans la lutte contre ce fléau, à la fois de façon préventive et curative. En passant en revue les équipes africaines qui savent gérer les fistules, ils s'aperçoivent qu'il en existe deux : l'une menée par le docteur Hamelin à Addis-Abeba, l'autre par le docteur Ben Chekroun à Rabat. Qu'à cela ne tienne : ils iront les voir. Robein part à Addis-Abeba, Foldes à Rabat, pour essayer de comprendre comment réparer ces grands traumatismes. Ils emmènent du matériel vidéo. Plus tard, le chef de service de l'hôpital Foch prendra sur son temps de jeune retraité pour éditer un recueil pratique sur les fistules.

Pierre arrive à Rabat, la douce capitale du Maroc, petite sœur discrète et charmeuse de la tonitruante Casablanca. Il doit y retrouver le docteur Ben Chekroun, un spécialiste d'urologie qui a fait ses études à la même faculté que lui et a travaillé à l'hôpital Necker. L'homme ne fait pas l'unanimité. Au Maroc, où il est une personnalité en vue, il suscite même beaucoup de jalousies. Chirurgien du roi, urologue de la famille royale, membre permanent de l'Association française d'urologie, il habite dans la maison mitoyenne de celle de la sœur d'Hassan II à Rabat. Autant dire qu'il est intouchable. Il le sait. C'est un mandarin, mais très ouvert avec ceux qui font partie de son élite, dont Foldes qui, malgré tout, se sent très proche de lui. Car Ben Chekroun n'est pas qu'un mandarin assis sur une rente de situation. Il invente beaucoup, essaie d'adapter des techniques urologiques européennes à l'Afrique. Confronté à de nombreux cancers de la vessie, pathologie très présente sur le continent noir, il a su soumettre aux contraintes locales l'art de la stomie, inventant pour pallier l'absence de poches jetables une technique de cutanée sans poche utilisant des sondes réutilisables stérilisées par immersion dans l'alcool, méthode tout à fait empirique. « Cette démarche consistant à adapter des techniques modernes à l'Afrique, au lieu d'acheter du matériel très cher et de s'apercevoir ensuite qu'il est inopérant, m'a passionné. J'ai trop vu d'endroits où la démarche inverse avait provoqué de monstrueux gaspillages pour ne pas en être touché. »

Ben Chekroun s'est ensuite attaqué aux fistules et a imaginé de fabriquer un urètre artificiel avec le vagin ou la vessie pour recréer une filière. Avec Foldes, ils décrivent et listent des techniques de réparation qui n'existaient pas et participent à l'élaboration d'un manuel pour faire face à ces pathologies. « C'était une inversion passionnante du dialogue Nord-Sud. Nous n'allions pas, en conquistadores du bistouri, porter la bonne nouvelle du progrès médical occidental. Non, cette fois c'étaient les Africains qui savaient faire, et nous qui descendions chez eux apprendre à les imiter, voire à mêler nos deux savoirs pour nous améliorer les uns comme les autres. C'est une magnifique façon de travailler. » Les deux hommes feront même sur leurs expériences communes des films qu'ils monteront plus tard, à Saint-Germain-en-Laye.

Robein demande ensuite à Foldes de l'aider à carrément monter des « missions fistules ». Ils décident de

Victoire sur l'excision

partir en Afrique, Jean-Antoine en Ethiopie, au Mali et au Niger, où il se concentre sur les hôpitaux, Pierre au Maroc et au Burkina-Faso. L'OMS commandite une mission pour évaluer les traitements possibles, une mission d'investigation apte à évaluer les maternités rurales, les réseaux de sages-femmes, leur formation, les taux de mortalité... Quand son avion décolle pour Ouagadougou, le docteur Foldes ne sait pas encore que ce qu'il y rencontrera changera sa vie.

La patiente de Ouaga

La femme est petite. Plusieurs enfants s'agitent autour d'elle, deux des plus jeunes fébrilement accrochés à ses mains. Ils regardent autour d'eux, agressés par l'odeur de chair pourrie et de médicaments mêlés qui monte. L'hôpital de Ouagadougou est un hôpital africain, confronté aux problèmes des hôpitaux africains. Dans les longs couloirs où la peinture des murs s'écaille, les malades s'entassent, corps immobiles et serrés dont l'odeur prenante envahit tout, corps abandonnés d'où s'échappent les cris de douleur, corps naufragés noyés dans un brouhaha impuissant à masquer leur peur. Dans les salles communes, les lits sont souvent nus, simples matelas de mousse blancs. Aux urgences, une foule attend, immobile, sur des sièges en bois. Sur la pelouse, les familles s'installent. Pendant de longues périodes, il n'y a plus d'eau courante. Les horloges affichent imperturbablement la même heure toute la journée. Des infirmières vêtues de bleu passent, éludant les questions de ceux qui se lèvent à leur rencontre.

Elle a trente ans, et de grands yeux qui en ont sans doute déjà trop vu. Le docteur Foldes la fait asseoir, essaie de la mettre à l'aise, toujours un peu inquiet d'avoir à deviner ou à accoucher péniblement ce que la pudeur interdira d'exprimer. Mais Mme Issatou (c'est sous ce nom qu'elle se présente, saisissant la main qu'il lui tend) est suffisamment à l'aise pour lui parler librement. Elle vient à l'hôpital avec une grosse déchirure au niveau vaginal, la vulve scléreuse et abîmée. D'une main, elle montre l'endroit où elle a été excisée, et affirme que c'est là que cela lui fait mal. Les enfants, sagement, se sont un peu reculés et assis contre le mur du bureau. Il se lève, tâte un peu l'endroit douloureux : « Mais cette femme souffre, beaucoup », se dit-il. Et, tout de suite, constatant une nouvelle grossesse : « Peut-être son accouchement va-t-il être dramatique... » Il veut juste soulager cette souffrance, comme il arrangeait les déchirures obstétricales. En discutant longuement avec Jean-Antoine Robein, il s'aperçoit qu'au-delà de la réparation des fistules il lui faut faire de la prévention. Il suivra le même chemin avec les mutilations : commencer par soigner, éliminer la douleur, ensuite aller plus loin, expliquer, comprendre, combattre...

Depuis son arrivée dans le pays, il s'est rendu à Ouagadougou et Bobo-Dioulasso, la deuxième ville du pays, car, dit-il, « j'aime bien ne pas voir seulement la capitale ». Un obstétricien anglais l'accompagne. Ce qu'il découvre à son arrivée ne le surprend guère : les femmes ont souvent un bassin étroit, donc une configuration anatomique qui rend l'accouchement difficile. La mortalité prénatale est très forte. C'est là que, de manière un peu annexe, il va découvrir qu'une des causes de ces fameuses fistules est l'excision. En sclérosant la vulve, elle gêne encore plus l'expulsion. A Bobo-Dioulasso, une femme lui parle de la douleur qu'elle ressent du fait de son excision. Mais ce n'est alors qu'un petit élément dans le grand dossier.

Mme Issatou ne dira pas autre chose. Elle a mal. C'est la douleur, et non une volonté de lutter contre un fléau, non l'envie de prendre la tête d'une quelconque croisade, qui a amené Pierre Foldes à se pencher de plus près sur ces mutilations. C'est cette douleur qui sera le déclencheur de sa démarche de réparation, ce fait médical incontestable et fondateur de toute relation : on vient voir le docteur parce qu'on a mal, pas par rejet d'une culture ou d'une tradition. « Ce qui m'a touché, c'est la douleur. Dans ce pays, l'excision est normale, et ce que ces femmes revendiquaient ce n'était ni la recherche d'une identité ni les joies du sexe, mais la fin de cette souffrance physique. Cela n'avait jamais été entendu. » Cet appel auquel il a répondu partout (« Faites cesser ce qui me fait mal »), lui l'entend aussi dans cet hôpital de Ouagadougou.

Il invite Mme Issatou à s'allonger, et examine l'endroit dont elle se plaint. « J'ai découvert que cela ressemblait à quelque chose que je connaissais. » L'excision a deux conséquences : désinsérer le clitoris de la peau crée un saignement et une infection qui vont rejeter en arrière le moignon, lequel va se déplacer et se retrouver dans une nouvelle position anormale, deux-trois centimètres au-dessus et recouvert par la cicatrice. Ce sont cette cicatrice et cette position

Sa première patiente

qui font qu'il n'y aura pas de plaisir, pas d'organe visible. Mais l'excision va rarement très profond : les fillettes sont grassouillettes à cet endroit-là, elles bougent pendant l'opération. L'idée qui s'empare de lui devant le sexe mutilé de Mme Issatou est toute simple : il faut retirer la cicatrice et essayer de laisser quelque chose de propre dessous. Il ne s'agit alors pas du tout de reconstruction : il incise simplement autour de la zone, reste à distance, trouve un clitoris rétracté collé à l'os, qu'il décolle. C'est une intervention très simple, qui dure une demi-heure et se fait sous anesthésie locale. L'idée de percer la peau pour faire réapparaître le clitoris ne lui viendra que plus tard.

L'opération se passe bien. Il parvient à enlever la cicatrice douloureuse, trouve derrière un moignon de clitoris, et essaie de le remettre dans sa position normale. Il n'a pas besoin de beaucoup d'effort : la chirurgie des fistules, qu'il a beaucoup pratiquée les jours précédant cette première intervention, est plus complexe que celle de l'excision. Mais sur place, le lien entre les problèmes obstétriques et les mutilations n'est pas encore fait.

Puis il pose son bistouri, étonné de la facilité avec laquelle tout cela s'est accompli. Quelques heures plus tard, l'infirmier vient le voir et lui dit que la patiente, pourtant dans un contexte postopératoire, semble soulagée. Il se rend à son chevet : elle lui sourit, apaisée. « Merci docteur, je ne sens presque plus rien. » Histoire banale... Une surprise l'attend pourtant : la patiente présente de nouveau une apparence de clitoris. « Voir qu'on pouvait restituer le clitoris m'a amené à réfléchir. »

Son intervention déplaît pourtant à l'aide-soignant

du bloc, qui le lui dit : « Ça, l'endroit que vous avez soigné, il ne faut pas y toucher. On peut réparer les accouchements, mais là non. » Interloqué, il répond : « Mais pourquoi ? C'est même sans doute lié. Si l'accouchement est difficile... » Mais l'autre s'est détourné...

Foldes découvre qu'il dérange. L'aide-soignant a du pouvoir. Dans les hôpitaux africains, ils opèrent souvent plus que les chirurgiens. Sans doute est-il aussi en lien avec les exciseuses. Il ne le dit pas ouvertement mais le fait comprendre.

Les premières menaces arrivent tout de suite. Un des médecins qui était là lui dit : « Moi aussi j'y ai pensé mais il y a des sorciers, vous allez casser le travail des exciseuses, elles vont vous faire la peau. » Un infirmier l'approche pour lui dire carrément : « Si vous continuez à faire ça ici, on aura votre tête. » Qui « on » ? Des aides-soignants, des infirmiers qui ont peut-être des exciseurs dans leur famille, la grande masse de ceux qui ont accès à un peu de savoir médical et les aident ? Tout un système s'est mis en place autour de l'excision : petit bakchich, considération. En soignant les conséquences de la mutilation, le *toubab* met à mal à la fois la tradition et un moyen de gagner un peu d'argent. Même les femmes qui viennent consulter lui disent : « On nous a dit de ne pas venir vous voir, que vous alliez avoir des problèmes. »

C'est pourtant déjà préjuger de ses intentions. La méthode est à peine pensée. « Proposer une mise en question de l'excision n'était pas encore mon propos. Et pourtant c'était déjà mal vécu. Je peux d'ailleurs le comprendre : je n'étais pas chez moi, j'étais le Blanc, je savais plus de choses. C'est une situation fréquente en humanitaire. Dès qu'on répare un combattant, celui d'en face n'est pas d'accord. La médecine expatriée humanitaire est souvent vue comme très agressive. On a un vrai pouvoir, même quand on ne le met pas en avant, pudeur que tous n'ont pas. Du coup, on se protège en ne la ramenant pas, en évitant de communiquer, en passant toujours par le personnel local. Mais certains ont fait tout le contraire. Là en plus il y avait l'inversion de la coutume, très difficile à gérer. »

Il reverra rapidement Mme Issatou à la fin de son séjour, puis aura de ses nouvelles par un infirmier à un prochain passage. Elle a parlé de ce qu'il lui a fait, du soulagement qu'elle éprouve depuis qu'elle est passée entre ses mains. Mais lui ne fait aucune publicité, adopte un profil bas, se refuse encore à théoriser ce qu'il vient d'entrapercevoir. Pourtant il n'oublie pas la silhouette de Mme Issatou, et certains de ses mots restent gravés en lui, comme ce « Je n'ai pas souhaité ça » qu'elle lui a murmuré en évoquant le rituel. Ce sont des phrases qu'il n'a pas encore appris à décoder. Mais il commence à se poser des questions. Cette première fois au Burkina, il restera une quinzaine de jours avant de retourner en France. La réflexion qu'il a amorcée à Ouagadougou se poursuivra à Rabat, chez le docteur Ben Chekroun.

Victoire sur l'excision

En quête d'une méthode

La première Occidentale à assister à une excision est sans doute une ethnologue française, Annie de Villeneuve. En 1936, à Djibouti, elle est invitée à une cérémonie, dont la victime est une petite fille somalie. Son article, publié en 1937 dans le *Journal des africanistes*, est à la fois un cri d'indignation et une condamnation sans appel, dans lequel le choc reçu la pousse à remplacer la neutralité scientifique par des jugements généraux sur les Somalis qui, aujourd'hui, frôlent par moments le racisme. Elle parle de « sauvagerie », condamne les mères qui font preuve d'« insensibilité » et de « froideur ». Mais elle décrit avec précision ce qu'elle a vu. C'est une première.

Le sujet restera pourtant longtemps tabou. Dans les années 70, il est encore très mal vu d'en parler pour les femmes africaines, et la pratique reste méconnue, ses victimes elles-mêmes la gardant secrète. C'est d'Occident que viendra de nouveau la révélation, ce qui d'ailleurs ne contentera pas forcément les femmes africaines, à la fois atteintes dans leur identité et considérant qu'il est d'autres priorités dans la lutte contre le sous-développement. En 1973, Franziska Hosken, fondatrice de Win Neix (Women International Network News), découvre les mutilations lors d'un voyage en Afrique. Horrifiée comme femme, interpellée comme scientifique, elle publie un rapport qui fait beaucoup de bruit[1]. Sa colère est immense. Le sérieux

---
1. *Op. cit.*

de son étude appuie sa vigueur militante : elle fait autant œuvre de sociologue que de féministe passionnée. En France, l'écrivain Benoîte Groult se fait le relais de son indignation dans un grand best-seller : *Ainsi soit-elle*[1].

Elle est vite rejointe par un grand nom de l'humanitaire, un personnage flamboyant et remuant, Edmond Kaiser, fondateur de Terre des hommes. En 1976, il tient une conférence de presse à Lausanne et fait prendre conscience aux journalistes présents que ces si joviales et pittoresques « cérémonies d'initiation », accompagnées de danses colorées et vivantes, sont pour leurs victimes la porte ouverte sur des souffrances extrêmes. Il attaque sans prendre de gants l'Organisation mondiale de la santé, coupable à ses yeux de « non-assistance à enfants en danger », et la met en demeure d'examiner le problème à l'Assemblée mondiale de la santé. L'organisation s'était effectivement distinguée par une grande timidité à ce sujet. En 1959, après avoir fait une étude sur les mutilations génitales, l'assemblée déclarait que « les pratiques en question résultent de conceptions culturelles sociales dont l'étude n'est pas de la compétence de l'Organisation mondiale de la santé ». Pourtant, en 1975, c'est l'OMS elle-même qui reconnaîtra le danger pour la santé des filles de « certains rites s'attaquant aux organes génitaux ». Mais rien de concret ne sera proposé.

La santé... C'est par elle que le tabou culturel pourra être contourné et que les organismes internationaux s'intéresseront au problème. Un premier

---

1. *Op. cit.*

séminaire sur « Les pratiques traditionnelles affectant la santé des femmes et des enfants » est organisé à Khartoum en 1979 par le bureau régional pour la Méditerranée orientale de l'OMS. La question se pose de l'alternative entre la suppression et la médicalisation. Les recommandations finales portent sur la nécessité d'une éducation et d'une information, même si certains prônent la *sunna* comme une position de repli pour ménager les susceptibilités des populations concernées. La première condamnation unanime des pratiques mutilantes sera prononcée la même année, en 1979, à la 2e conférence régionale des Nations unies sur l'intégration des femmes au développement à Lusaka, en Zambie.

Les associations entrent dans la danse. La première réunion de femmes de la diaspora africaine a lieu à Paris en octobre 1977 : on y dénonce les mutilations. La Conférence mondiale de la mi-décennie de la femme à Copenhague, en juillet 1980, voit aussi naître les conflits culturels : les Occidentales dénoncent l'excision, et les Africaines répondent en demandant d'abord une aide économique.

D'autres colloques suivent : à Dakar, en 1982, la réunion de la section sénégalaise de la Commission pour l'abolition des mutilations sexuelles considère pour la première fois les mutilations comme une atteinte aux droits des femmes et non seulement à leur santé. Puis à Paris, en 1988, l'Unesco accueille à l'initiative de la Commission pour l'abolition des mutilations sexuelles France une réunion qui avalise cette vision. La dénomination « mutilations génitales féminines » est adoptée à l'occasion de la conférence régionale du Comité interafricain, tenue à Addis-Abeba du 19 au 24 novembre 1990.

Sa première patiente

Mais c'est aux pays eux-mêmes à mettre en œuvre ensuite ces résolutions, comme le conclut en mars 1980 une réunion conjointe de l'OMS et de l'Unicef à Alexandrie. Au séminaire de Dakar, en février 1984, est créé un Comité interafricain chargé du suivi des travaux dans chaque pays. Ce comité se réunira régulièrement. A Conakry, en 1985, pour la première fois, des exciseuses assisteront à une de ces réunions, qui se multiplieront. Mais il faudra attendre 1994 pour que les mutilations génitales soient unanimement désignées comme une atteinte aux droits fondamentaux de la femme. Cette violation sera de plus en plus reconnue : par les ministres africains de la Santé réunis au Caire en 1995, par la 4ᵉ conférence mondiale des femmes à Pékin en 1995, dont le retentissement sera très large, par l'Organisation mondiale contre la torture qui l'assimile à un geste de torture. Enfin, en 1995, le top model Waris Dirie raconte son excision dans son livre de mémoires *Fleur du désert*[1]. Une multitude d'articles relaient son témoignage, aussi douloureux soit-il. Elle devient l'ambassadrice des Etats-Unis chargée de la campagne contre l'excision. Début 1998, un nouvel appel est lancé par l'Unicef, l'OMS et le fonds des Nations unies qui en parle comme d'une « atteinte à l'intégrité physique et psychosexuelle des femmes ».

---

1. Waris Dirie et Cathleen Miller, *Fleur du désert*, traduit en français chez Albin Michel en 1998.

Victoire sur l'excision

Le grand silence des livres

Toute cette histoire, Foldes la découvre en rentrant de son séjour burkinabé. Car il est rentré à Paris fasciné et révolté par ce qu'il a découvert. Alors qu'il reprend sa vie d'urologue occidental, exerçant dans une ville riche, la question continue de le travailler. Comme praticien, il a approché de près des techniques de réparation de la verge. C'est là que l'idée lui est venue : ne pourrait-on pas appliquer à la réparation du clitoris les mêmes principes ? Et il découvre avec stupéfaction que la littérature médicale aborde très peu le rôle du clitoris. Comme si les chirurgiens ne l'avaient jamais opéré, les physionomistes à peine effleuré : il y a une seule et maigre demi-page dans le « Kamina », où il est à peine décrit. Pire : ce livre d'anatomie de référence internationale n'offre qu'un seul petit dessin. La description du « Rouvière », autre classique de la littérature anatomique, est très superficielle. En physiologie, tout est encore plus flou sur les circuits du plaisir à part quelques élucubrations de sexologues. Comme si tout le monde s'en moquait : le clitoris est un organe sexuel, c'est tout, et cette simple fonction ne suffit pas à lui procurer l'intérêt d'autres organes. Quelques médecins pourtant se sont penchés sur le sujet. Un dénommé Bernard-Jean Paniel, un des plus grands spécialistes mondiaux de la chirurgie vulvaire, basé à Créteil, le connaît bien. Il a au mis au point un certain nombre de techniques, dont certaines serviront d'ailleurs à

Sa première patiente

Pierre, pour soigner les cancers du clitoris et la maladie de Bowen. Mais il n'a abordé la chirurgie de l'organe que par l'ablation. Des années plus tard, il accueillera d'ailleurs son jeune collègue à bras ouverts, l'idée d'une technique de reconstruction ne lui étant jamais venue. Aujourd'hui, il est l'un des très rares à avoir commencé d'appliquer à son tour la « méthode Foldes ».

Dans le domaine du transsexualisme et de la chirurgie des ambiguïtés, on connaît aussi le clitoris. Mais là encore, c'est pour envisager une chirurgie de réduction : on diminue le pénis sans se préoccuper du résidu de clitoris qui reste. On n'a jamais en revanche essayé de l'amplifier, de le récupérer ou de le réparer. La culture médicale tout entière semble en ignorer la possibilité. Pire : elle ne paraît pas même s'être posé la question. Alors que sur la réparation de la verge, des milliers de livres ont décrit des milliers de techniques.

Foldes se sent à la fois révolté et excité : puisqu'il n'y a rien, il va falloir trouver. Sherlock frémit sous Hippocrate. Il profite de son parcours (il a été prosecteur d'anatomie, ce qui lui a permis à la fois de doubler son salaire d'interne, d'accéder à un statut de chercheur et d'enseignant en anatomie, et d'avoir accès à un laboratoire de dissection) pour faire des recherches. Il demande même à un ami, professionnel de la recherche bibliographique, d'en faire une pour lui, qu'il paye de sa poche : l'ami ne trouve rien. Il se lance alors lui-même dans des explorations anatomiques, et dissèque des cadavres. Et il s'aperçoit que les techniques de dissection du pénis n'ont jamais été utilisées pour le clitoris.

Car la verge (et nous n'évoquons là que le côté

Victoire sur l'excision

médical de ses vertus poétiques) a inspiré des tonnes de littérature. Voire de miracles médicaux. Tout le monde se souvient de l'inénarrable histoire de John Wayne Bobbitt. Ce monsieur, qui courait fortement le guilledou, s'était vu priver par un coup de ciseaux rageur de sa femme Lorena de ce qui faisait, semble-t-il, en grande partie son charme. Privé de l'essentiel mais pas de sa présence d'esprit, il recueillit le divin objet, totalement séparé de sa base, et le mit dans la glace, ce qui allait permettre à d'habiles praticiens de le recoudre et lui assurer une telle remise en état que le monsieur, auréolé depuis la publicité donnée et à l'accident et à sa réparation d'une forte réputation médiatique, a ensuite tourné plusieurs films pornographiques sur lesquels, effectivement, la couture est bien visible... On peut sourire, mais il n'y a plus lieu de se réjouir quand on songe que pas un dixième des efforts faits pour permettre à Mr. Bobbitt de redevenir l'étalon qu'il fut n'avait jamais encore été consacré à redonner leur dignité à des millions de femmes mutilées[1]...

Quel rapport y a-t-il donc entre le clitoris et le pénis ? S'il apparaît de plus en plus évident que le clitoris est un organe voué au seul plaisir et totalement déconnecté de la fonction reproductrice, les deux sont érectiles. Avec une seringue remplie d'eau, Foldes injecte dans un clitoris du plastique et un colorant pour voir comment fonctionne l'organe. Avec un ami, il fait des photos, très mauvaises, mais qui mettent en évidence sa taille, jamais encore vraiment décrite. Il

---

[1]. Ironie supplémentaire : cet ancien marine fut récemment incarcéré pour violences conjugales sur sa deuxième femme...

Sa première patiente

découvre que le pubis forme une ogive, et que le long de cette ogive de chaque côté il y a deux corps qui se rejoignent, formant le « genou » du clitoris. Ce dernier est donc beaucoup plus long que ce qu'il avait prévu, 11 centimètres à peu près. La découverte l'ancre dans la certitude que, en préservant le nerf et en le découvrant sur toute sa longueur, le clitoris est réparable, et de façon simple.

Une étrange omission

De façon simple : c'est sans doute l'un des aspects les plus troublants de sa trouvaille, et il n'a jamais cherché à surestimer la difficulté de sa découverte, bien au contraire. « J'ai été stupéfait par la simplicité des réponses, même en termes chirurgicaux. Ce qui est le plus choquant, c'est que personne n'ait fait ces recherches avant moi, alors que l'on fait pour les grands brûlés par exemple des récupérations infiniment plus difficiles. Pour moi, cet aveuglement est l'excision occidentale : le clitoris n'existe pas. Il est volontairement excisé de notre culture. Même dans les cercles qui devraient s'y intéresser. »

Y compris chez les gynécologues, ce qui nourrit chez lui une réflexion de plus en plus convaincue : cette spécialité traite avant tout de la procréation. « Une femme gynécologue et sexologue, comment peut-elle ne pas être concernée par le clitoris ? Cela veut dire que dans la gynécologie le côté femme est moins prépondérant que le côté mère. Dans les publications, on parle beaucoup du vagin, assez peu du clitoris. » Il y a dix ans, quand Foldes a commencé à présenter ces recherches chirurgicales à des gynécologues, certains les trouvaient intéressantes mais sans voir sur quoi elles pouvaient concrètement déboucher. Les femmes, comme les autres, disaient : « Le clitoris n'est pas notre domaine ».

Lui revient le souvenir de ses premiers congrès de sexologie, où ses confrères se demandaient pourquoi on s'intéressait tant au clitoris. « J'ai assisté à vingt-trois congrès de sexologie. Le vingt-troisième a été le premier à avoir pour thème principal la sexualité féminine. C'est aberrant : si on ne s'intéresse pas aux femmes, on ne choisit pas d'être ni gynécologue ni sexologue. » Il a souvent fait part de ses réflexions aux intéressés. La plupart commençaient par s'étonner qu'on puisse s'étonner puis réfléchissaient : ah oui, pourquoi pas ? « Mais j'ai l'air de déclencher chez eux un travail intellectuel auquel ils n'avaient jamais pensé. Même quand j'ai voulu entraîner des femmes dans le combat, j'ai également senti une gêne. On me disait : "Vas-y toi, fais-le, on préfère que ce soit un homme." Chez les femmes aussi, cela coinçait ! Ce qui prouve bien que le clitoris est un problème central. Il y a un blocage. On n'arrive pas à parler du clitoris, sinon en rougissant. Il a été exclu. Je suis de plus en plus convaincu qu'on va aussi dans ces filières par misogynie, pour acquérir un certain pouvoir sur les femmes... »

Certains mots font mal. En septembre de l'année dernière, Pierre Foldes reçoit un coup de téléphone du vice-ministre de la Santé égyptien. L'homme est également chef de gynécologie obstétrique au Caire.

Sa première patiente

Pourtant favorable à son combat, il avoue des pressions, et lâche : « Mais pourquoi on se fait chier avec ces histoires de bonnes femmes ? » « J'ai entendu cette phrase chez des tas de gynécologues », conclut Foldes, un peu amer.

Les témoignages des femmes excisées sur leurs expériences avec leurs gynécologues le confortent dans cette opinion. Aucun ne s'est révolté contre ce qui avait été fait, ni n'a proposé quoi que ce soit pour réparer le dommage ou pallier ses inconvénients. « Quand ma gynéco m'a examinée pour la première fois, s'exclame Félicité Bangre, elle m'a dit froidement : "Tiens, vous avez été excisée." Je n'en avais encore jamais parlé à personne, et espérais le faire de façon plus chaleureuse. » Quant à Sorna Boubakar, venue enceinte consulter, elle a entendu le praticien lui dire qu'elle était « bizarre »... Plusieurs autres patientes de Pierre se sont même entendu répondre : « Vous avez été bien excisée, heureusement. Ça a été bien fait. » « Qu'est-ce que ça veut dire "bien fait" ? s'insurge Foldes. C'est très traumatisant pour ces femmes, puisque cette façon de parler a l'air d'approuver la mutilation. Le gynécologue qui s'exprime ainsi a raté une grosse part de son engagement. » Beaucoup d'autres confirment ce désintérêt, cette absence de révolte. Soit les gynécologues ignorent l'excision, soit ils passent dessus sans faire attention, mais cela ne provoque de toute façon pas l'amorce d'une réflexion.

La situation s'est heureusement depuis un peu améliorée. Les grands patrons de chirurgie gynécologique ont invité Pierre Foldes à faire des démonstrations opératoires et, devant sa maîtrise, ont filmé l'opération, l'ont étudiée et ont choisi de l'aider. Les chefs de file des écoles gynécologiques sont tout à fait favorables à son action. Le professeur Sureau, président de l'Académie de médecine et gynécologue, l'appuie. Le professeur Paniel, grand spécialiste de la vulve, a favorablement accompagné ses premiers travaux. Est-ce la fin d'un long combat ? Il lui a fallu convaincre, avancer ses pions discrètement pour faire oublier qu'il n'est pas du sérail, précaution d'autant plus nécessaire que beaucoup de ses pairs l'avaient découvert présentant son invention à la télévision, et chacun sait l'ambiguïté que provoque le succès médiatique, oscillant entre le « Quelqu'un de sérieux ne rentre pas dans ce cirque » et le « Pourquoi pas moi finalement ? J'en ai fait autant que lui »…. Son travail de publication en parallèle a facilité ce passage par les fourches caudines de la Faculté.

Essais confirmés

Quand il peut, quand on le lui demande, il opère à nouveau. Il revoit des femmes dont il s'est occupé au Maroc et à la Réunion. Il officie à Tunis (mais l'excision est rare au Maghreb), dans une clinique de Casablanca, sur une vingtaine de cas, des Mauritaniennes ou des Sénégalaises. Chaque fois, il constate la suppression des douleurs et la réapparition du clitoris. Les femmes disent : « Je ne suis plus excisée », alors que ce n'était pas leur revendication de départ. Il se sent stimulé et il a ses premières surprises. Certaines revendications par exemple. « Sur le plan esthétique, elles veulent quelque chose de gros alors que le clitoris peut être presque invisible. Je me suis adapté à cette façon de voir et je leur "fais" quelque chose de "gros". » Partout, l'opération se fait avec la même facilité, et il obtient les mêmes résultats. Après avoir un peu plus réfléchi, il se met à faire réapparaître le clitoris, passant d'une simple libération de cicatrice à une transposition, c'est-à-dire une remise à sa place, geste courant dans le transsexualisme. Puis il essaie de se débarrasser des cicatrices : celle de la peau et celle du clitoris blessé. Là réside le vrai concept chirurgical : qu'est-ce qui fait mal, à partir de quoi prétendre supprimer cette douleur et, s'il y a des nerfs, comment les faire refonctionner normalement ? Comment aller du désenfouissement à la transposition puis à la réparation ? Ce cheminement, il y pense tout le temps, en perfectionnant une technique mise au point très vite. « Je suis content d'avoir fait cela aussi beaucoup en France, loin des pressions africaines. Ça n'est pas une technique expérimentale. Je n'ai pas choisi d'aller chercher des cobayes en Afrique. Les femmes que j'opère peuvent m'attaquer en justice. Je ne peux pas faire n'importe quoi. Je n'ai pas fait d'expérimentations africaines. »

Forcément, il tâtonne parfois, se heurte à des difficultés. Au départ, il pratique des techniques d'incision assez compliquées, se heurte à des problèmes de peau qu'il lui faut résoudre en simplifiant. « Je faisais une incision autour de la cicatrice à laquelle je n'osais pas toucher. Je prenais plus de temps et créais des plans de section inutiles. Maintenant, j'y vais bille en tête, supprime la cicatrice cutanée, attrape le clitoris et le remets. J'interpose le haut des grandes lèvres et les couds ensemble au-dessus du clitoris pour éviter qu'il ne retombe et ne se recolle à l'os. »

4.

L'exemple burkinabé

Le docteur Foldes n'a jamais revu Mme Issatou. Mais il est retourné au Burkina-Faso, et n'a pu que constater à quel point son intuition première était juste : l'excision ravageait le pays, et les problèmes qu'elle soulevait dépassaient largement ceux qu'il avait perçus d'entrée. Aujourd'hui, coïncidence, le pays où, pour la première fois, il a compris ce que pouvait être la mutilation, celui où il a opéré sa première patiente, sans être réellement conscient de ce qu'il mettait ainsi au jour, est devenu sinon un modèle du moins un exemple. Ce que l'Ouganda a été au sida, à savoir le premier pays au monde à reconnaître la place du fléau et à tout mettre en œuvre pour le combattre, fût-ce au prix de la stigmatisation, le Burkina-Faso l'est devenu pour la lutte contre l'excision. La présence assumée du problème, une révolution, quelques personnalités actives et ayant soudain possibilité d'agir, un contexte de changement favorable... C'est là en tout cas, dans ce pays pauvre d'Afrique de l'Ouest, que le gouvernement est allé le plus loin et dans la répression et dans l'information, là que les lois promises et parfois votées ailleurs sont réellement appliquées. Là que l'un des scénarios les plus crédibles de diminution de la pratique est en train de se mettre en place. Ne laissons pas s'éteindre cette lueur d'optimisme.

Tout le poids de la tradition

Nul ne sait plus à quand remonte la pratique ni pourquoi elle s'est développée par endroits. Quand l'islam est importé par les Peuls, pasteurs venus du Sahara au XVIIIe siècle, on sait que les animistes excisent déjà. Dans le sud, les Obis mutilent même des cadavres pour que la femme puisse rejoindre le monde des ancêtres. Mais on peut situer les premières protestations qui se sont élevées contre elle au début du XXe siècle, quand les pères blancs menacèrent d'excommunication celles qui se feraient exciser. Le point de vue des missionnaires sur le sujet était à la fois net et rude : l'excision, atteinte à l'intégrité physique, devait être condamnée. Certains partis suivirent les conseils de l'Eglise. Ils furent pourtant rapidement contournés par deux phénomènes : les filles qui n'étaient pas excisées peinèrent à trouver des époux et, quand elles y arrivaient, lesdits époux les faisaient de toute façon exciser après le mariage.

Il fallut attendre les années 60 et l'indépendance pour que le nouveau président Maurice Yaméogo tente une opération de sensibilisation auprès de ses électeurs. Mais la pression sociale fut trop forte. On lui reprochait d'avoir une attitude de *nasar sableya*, de

L'exemple burkinabé

« Blanc à la peau noire ». Et il dut reculer. Pendant encore quinze ans, l'excision ne fut plus contestée que dans des cercles très marginaux.

1975 fut l'Année internationale de la femme. De manière de plus en plus visible, certaines commençaient à s'émanciper. Dans les cercles intellectuels, on continuait de vouloir ranimer la lutte contre l'excision. L'occasion était trop belle. Certaines femmes prirent la parole et dénoncèrent le fléau à la radio. C'était un premier coup, discret et pas toujours très bien accueilli : l'hostilité face à la campagne radiodiffusée fut souvent violente. Il fallut du coup attendre encore dix ans et la semaine nationale de la Femme en 1985, créée par le président Thomas Sankara, pour que la mobilisation se précise et que plusieurs groupes de femmes, unis, lancent un appel aux autorités demandant l'interdiction de l'excision. En mai 1988, un séminaire national regroupa trois cents représentants de tous les organismes concernés, et aboutit à la création d'un comité provisoire en octobre 1988. Et le 18 mai 1990, un Comité national de lutte contre la pratique de l'excision fut mis en place, comité dont la présidente était Chantal Compaoré, femme du nouveau chef d'Etat Blaise Compaoré, assassin et successeur de son frère en révolution Thomas Sankara. Il fallait maintenant inscrire profondément cette révolution dans le paysage du Burkina-Faso.

En novembre 1996 se concrétisaient toutes ces années de lutte : une loi était adoptée. C'était un pas énorme, d'autant plus que cette loi allait être appliquée. Elle prévoit des peines d'emprisonnement de six mois à trois ans pour les exciseuses, et cinq à dix ans en cas de mort de la victime, plus une amende de

Victoire sur l'excision

150 000 à 900 000 francs CFA. Pour les médecins, c'est le maximum de la peine et l'interdiction d'exercer pendant cinq ans. Ceux qui ne dénoncent pas peuvent payer 50 000 à 100 000 francs CFA d'amende. Cette loi allait aussi faire des émules. Après celle du Burkina, d'autres textes contre l'excision sont nés au Ghana, en Guinée, en République centrafricaine, en Côte-d'Ivoire, en Tanzanie, au Togo, au Sénégal... L'avancée était spectaculaire. Elle était parachevée en mai 1997 par la création d'un secrétariat permanent du Comité national de lutte contre la pratique de l'excision et en mai 2000 par l'adoption d'une Journée nationale de lutte contre l'excision, tous les 18 mai.

C'était déjà beaucoup. Mais qu'en était-il sur le terrain ? Comment faire passer ce soudain renversement des mœurs, comment faire comprendre à ceux qui ont toujours pratiqué l'excision que la coutume de leurs ancêtres tout à coup est devenue répréhensible, comment décider les exciseurs à la fois à renoncer à leur gagne-pain et à une pratique qu'ils croient légitime et bonne ? Comment, de manière encore plus prosaïque, arriver à faire simplement passer l'information ? Il faut se représenter le Burkina-Faso, l'un des pays les plus pauvres du monde, vaste étendue de terres souvent arides située en pleine zone sahélienne, vivant mal d'une économie essentiellement paysanne, aux mains d'une dictature douce qui oscille entre la tentation démocratique et des périodes de durcissement. Là vivent une soixantaine d'ethnies qui parlent plusieurs langues différentes, avec un taux d'alphabétisation assez bas. 85 % des habitants vivent à la campagne. Les villages sont épars dans la plaine, souvent éloignés les uns des autres. Les routes goudronnées sont rares et la saison des pluies rend certaines régions impraticables pendant des mois. Atteindre tout le monde, faire passer un message soulève déjà des problèmes sans fin.

Sur ce territoire difficile à cerner, l'excision est très répandue mais de manière incohérente. Une étude de l'OMS en 2001 en constatait la présence dans quatorze provinces sur quarante-cinq : Mouhoun, Yatenga, Kadiogo, Nahouri, Tapoa, Ganzourgou, Boulgou, Bazega... 75,4 % des femmes de plus de vingt ans étaient excisées, taux qui retombait à 43,6 % pour les filles entre onze et vingt ans, et 16,3 % pour celles entre cinq et dix ans. 58,72 % des femmes musulmanes l'étaient. Si l'on classe par ethnies, les Mossis l'étaient à 37,12 %, les Senufis à 8,1 % et les Gourmantchés à 7,88 %. Mais la répartition de son usage ne suit aucune logique : certaines castes (les griots, les masquiers mossis) ne la pratiquent pas ; chez les Gourounsis, ceux qui sont à Réo ne le font pas alors que ceux de Léo et de Tiébélé le font ; au sein de la même ethnie, certaines familles (les Thiombiano de l'ethnie Gourmantché par exemple) n'excisent pas. C'est une tragique loterie, dont sont quand même victimes au total 72 % des Burkinabées.

Le combat du Comité national de lutte
contre la pratique de l'excision

Rien ici ne sent la richesse, sinon quelques lourds 4 × 4 blancs frappés du logo de l'Unicef. Les bureaux

Victoire sur l'excision

sont surpeuplés, la peinture s'écaille, les couloirs sont encombrés de sacs de ciment. Quelques ordinateurs seulement trônent sur les tables. Il est interdit, vu le coût de la communication, d'appeler un portable depuis le bureau, même celui de la directrice. Au mur sont punaisées des affiches contre l'excision, naïves, cruelles et crues : une fillette est assise par terre, un flot de sang coule entre ses jambes : « Dites non à la pratique de l'excision ». Ou, plus stylisée, une jeune femme, entourée de masques africains, tient ses mains devant son sexe, conque noire d'où sourdent quelques rouges gouttes de sang. Nous sommes à Kologanaba, dans un quartier excentré de Ouagadougou, où se trouvent les locaux du Comité national de lutte contre la pratique de l'excision.

Là, une poignée d'hommes et de femmes, fonctionnaires, tentent de lutter contre le mal. Des convaincus, des militants. Sans nuances. Pas de considération multiculturelle ici, pas de réévaluation du poids des traditions. Un mot d'ordre, un seul : gagner. Faire reculer la pratique. Sociologues, chercheurs, simples fonctionnaires s'y retrouvent. Depuis 1990, quarante-cinq comités provinciaux de lutte contre la pratique de l'excision opèrent.

Car le vrai et premier problème est l'information. Aller porter dans chaque village la nouvelle que tout a changé, que ce qui était permis hier est péché aujourd'hui, et tenter de faire valider le changement par les mentalités. « La répression, c'est bien, dit Drissa Sawadogo, attaché aux affaires sociales de la province du Bazega. Mais tant qu'on n'a pas transformé les mentalités, c'est comme si on n'avait rien fait. » « Il faut faire, et puis refaire, et puis refaire

L'exemple burkinabé

encore », soupire Aminata Ouedraogo, membre du Comité national. Tout est bon : dans la brousse, des radios locales, aidées par le programme PIC (Plan intégré de communication), font des émissions dans les villages, retransmises sur une province et dénonçant la pratique. Mais ils manquent de *nagras*, de moyens de déplacement, et la diffusion ne couvre de toute façon que quelques villages... Ils continuent pourtant d'organiser et d'enregistrer des débats et des témoignages qui sont ensuite diffusés par les petites radios à piles dont le son rythme la journée le travail des femmes et accompagne le soir le repos des hommes. Des opérations plus spectaculaires ont parfois lieu, comme ce clip d'un groupe de rap local, SOFAA, qui cumule des images très dures d'excision, des panneaux marqués : « Attention pratique nuisible », et des phrases psalmodiées par les chanteurs : « Femme, sèche tes larmes, à mon tour de pleurer sur ton sort », « Chaque fois qu'elle fait l'amour elle a mal » et « Malheur à celui qui ne comprend pas ». Ou cette campagne télévisée dénonçant avec des images très crues à une heure de grande audience les méfaits de la mutilation. Mais l'essentiel de l'action est fait de missions de sensibilisation, de causeries éducatives. Dans le grand carnet où s'inscrit le bilan de l'action des comités, marquant à la fois leur force et leurs limites, c'est la colonne la plus chargée : « Causeries éducatives : 32 576 ».

De ces causeries, en voilà justement une, à Bissiri, petit village en brousse situé à une cinquantaine de kilomètres de Ouagadougou, dont une dizaine de piste. Une trentaine de maisons en briques dures éparpillées sur plusieurs mètres carrés, parfois précédées

Victoire sur l'excision

d'une cour fermée par un mur, un petit barrage pour retenir l'eau de pluie. C'est encore, pour quelques jours, la saison sèche. Bientôt, on ne passera plus. Le but de la visite est d'évaluer les « noyaux relais » récemment mis en place, de jeunes volontaires installés dans les villages pour y maintenir la pression et, le cas échéant, signaler les excisions qui se sont faites. La diffusion de l'information est une longue chaîne dont les rouages se dégradent au fur et à mesure que l'on s'enfonce dans la brousse. Régulièrement le Comité national de lutte contre la pratique de l'excision doit aller vérifier sur place comment tout se passe, encourager les enthousiasmes et corriger les déviances. Sous un gros arbre, une cinquantaine de personnes attendent. Aminata se réjouit : « Ils sont motivés, c'est déjà ça. » Le sont-ils par l'intérêt supposé de ce qu'on va leur dire, par la perspective d'une distraction, par la « prise en charge » (sorte de défraiement) que les chefs reçoivent ? En tout cas, ils sont là, les hommes d'un côté, les femmes de l'autre. Seul un vieux chef a refusé de venir car « on ne parle pas de sexe en présence d'hommes et de femmes ensemble ». Le « noyau relais », une vingtaine d'années, vêtu d'une chemise en tissu imprimé à l'image de la Journée internationale de la femme, se lève et fait les présentations, après que chacun a bu une gorgée de l'« eau de l'étranger ». Puis il commence un discours en mooré, la seule langue que tous comprennent. Pendant cinq-dix minutes, il parle, d'un ton monocorde. Aminata se penche vers sa voisine, Alphonsine, également employée au Comité national et lui glisse : « Ça ne va pas. » Elle se lève, et renvoie le jeune à sa place. Le public attend. Enfin quelque chose ?

L'exemple burkinabé

Et c'est un feu d'artifice. L'administration burkinabée doit avoir des liens avec le théâtre. Aminata mime, saute d'un pied sur l'autre, va vers les femmes, se tourne vers les hommes, pose des questions, fait participer les uns puis les autres. Sa première comparaison fait tordre les gens. Elle tire la langue. « Vous savez à quoi ça sert, ça ? » Certains répondent : « A manger », « A lécher » (ricanements), « A goûter ». « Voilà, à goûter. Ça sert à sentir ce qui est bon et ce qui ne l'est pas. On ne vous l'a pas coupée, la langue ? Vous l'avez toujours ? (acquiescement). Alors pourquoi plus bas on coupe ? » Hurlements de rire. Mais hurlements qui diminuent puis s'arrêtent le temps que la remarque fasse son chemin.

La partie est gagnée : pendant une heure, Aminata va ensuite développer les arguments contre l'excision. Les relier aux droits de l'homme et de la femme, mettre en parallèle les différentes coutumes en montrant qu'il n'y a là rien d'universel, démonter l'argument religieux, prendre l'Europe en exemple pour prouver que des femmes non excisées peuvent aussi bien accoucher et se marier que les autres, faire le lien entre l'excision et les autres problèmes de droits des femmes : mariage forcé, lévirat, gavage... Après elle, un jeune homme viendra présenter un extrait d'un spectacle théâtral qu'il a monté avec des amis, de courtes saynètes qui mettent en scène des femmes excisées et des femmes non excisées pour démontrer que le destin des secondes n'a rien à envier, bien au contraire, à celui des premières. Puis ils solliciteront la possibilité d'avoir des « ciné débats » comme cela se fait ailleurs, c'est-à-dire la possibilité de projeter des films. Hésitations polies de Mme Ouedraogo : le coût du matériel est trop important, et il est à craindre que l'effet ne soit plus négatif que positif. « Comment empêcherez-vous les enfants de venir regarder ? Et que penseront les anciens : on vient nous dépraver jusqu'ici en montrant des films avec des sexes aux enfants. » Idée repoussée. Déception chez les « noyaux relais ». Mais on les motive en leur faisant valoir l'arrivée prochaine de quelques soixante-cinq nouveaux vélos... Car la première difficulté, c'est celle des distances : vaincre l'éloignement, les kilomètres de piste, la boue laissée par la pluie... Cette dimension physique de la lutte doit en permanence être prise en compte : les premiers obstacles à abattre sont naturels. Au bureau des affaires sociales, Drissa Sawadogo tire les mêmes conclusions. Tout est difficile parce qu'ils manquent de tout : de véhicules, de haut-parleurs, même de piles pour les magnétophones. « Il faut qu'on nous aide. Mais c'est vrai pour tellement de choses », soupire Alphonsine. Mme Ouedraogo dressera ensuite le bilan de l'opération : les jeunes ont besoin d'un recyclage mais leur motivation et leur dynamisme sont plus que positifs.

Convaincre les chefs coutumiers

Ce sont eux encore, ces chefs parfois réticents, qui assistent le 21 avril 2005 à un atelier à Béré, un petit village de la province du Bazega. Ils se retrouvent là une quinzaine, presque la moitié des trente-deux invités. Certains se sont fait représenter par des jeunes. D'autres, boubou flamboyant et chapeau sur la tête, ont visiblement fait des efforts vestimentaires. Là encore, la « prise en charge » a sans doute dû en motiver beaucoup. Mais qu'importe le flacon... L'association qui œuvre, une ONG burkinabée, s'appelle Mwangaza action, et intervient dans un certain nombre d'activités. La région de Béré est devenue fameuse il y trois ans, quand vingt-trois villages ont fait une déclaration commune d'abandon de la pratique de l'excision. C'était le 3 mai 2003. Cinq mille personnes assistaient à la cérémonie, recouvrant comme une armée la place du village. Depuis des mois (de décembre 2000 à mars 2002, avec une interruption due à la saison des pluies), Béré, Bindé et d'autres villages suivaient un programme d'information et de sensibilisation qui abordait de multiples points : droits de l'homme, planning familial, condition de la femme... L'excision en était un parmi d'autres. « On ne peut pas l'exclure du reste. C'est un tout. Lutter contre l'excision sans promouvoir les droits de la femme est absurde. Et ce n'est que par les droits de la femme que l'on fera comprendre l'infamie de l'excision », précise Roger Belensigri, sociologue travaillant sur le terrain à Béré.

Ce jour-là fut jour de fête, comme il l'avait été pour la première initiative du genre quand, en juillet 1997, trente-neuf femmes bambaras de la région de Thiès, au Sénégal, avaient ainsi pareillement juré de refuser l'excision. La télévision et la presse du pays (qui ne se déplace souvent pour un reportage que si le sujet paye l'article...) étaient là. Une tribune était dressée pour l'occasion. Il faisait chaud, mais les plus beaux costumes étaient de sortie. Une femme est montée à la tribune. Elle a lu la déclaration publique d'abandon.

Victoire sur l'excision

« Nous pratiquions l'excision parce que nous pensions que c'était une bonne chose pour nos enfants, parce que nous étions analphabètes, parce que nous ignorions les conséquences d'une telle pratique sur la santé, parce que nous ignorions que tout être humain a des droits, comme celui de disposer de son corps. » Le message est clair : c'est de l'ignorance que naît l'obscurité, c'est par l'éducation que viendra la lumière. Et la déclaration continue : « Grâce au programme éducatif, nous voyons de plus en plus clairement certains maux dont nous souffrions hier. Nous savons désormais que, quoique faisant partie de nos valeurs traditionnelles, l'excision est une pratique dangereuse pour la santé de la femme. » A côté des groupes de femmes, qui entonnèrent ensuite plusieurs chants contre l'excision, les chefs coutumiers étaient là, partie prenante au rejet de la pratique. Dans un document interne, l'association Mwangaza tire elle aussi les leçons de cette incontestable victoire : pour espérer convaincre, il faut requérir l'avis des chefs coutumiers avant toute intervention, faire vivre au village les agents du programme pour instaurer une vraie confiance, utiliser la langue des villageois, et attendre au moins dix-huit mois pour avoir des résultats. « Lave-toi la face avant que quelqu'un te lave le dos », dit un proverbe mooré.

Rien n'est pourtant jamais acquis, et il faut labourer les consciences comme Bolivar la mer. A nouveau, le 21 avril 2005, c'est un atelier à l'intention des chefs coutumiers qui se tient à Béré. Une longue journée de travail commence, structurée en modules très précis et guidée par ce respect pointilleux de la méthodologie qui caractérise les actions africaines. La méthode, intelligente, pousse à faire comprendre par les intéressés eux-mêmes l'absurdité de leurs positions plutôt que de leur inculquer de prétendues évidences. « La loi, c'est bien, affirme Roger Belensigri. Mais ça ne sert à rien tant que les gens ne sont pas convaincus. Le vrai pari, c'est de les convaincre. » Commence alors une longue suite d'exposés, dans la salle de réunion du village, décorée des dessins d'un coq, d'un lion et d'un paysan derrière sa charrue qui, curieusement, a l'air plus blanc que noir et est habillé d'un T-shirt Nike au logo reconnaissable. Fine, habillée d'une belle robe bleue et montée sur des talons aiguilles blancs, Amila Tapsora, membre de Mwangaza, déroule en mooré le programme. Les panneaux sont écrits à la main sur du papier kraft épais, le scotch est parcimonieusement utilisé. Les chefs sont plus ou moins attentifs. L'un d'eux s'endort. Deux jeunes rigolent dans leur coin. Amila commence par expliquer le programme de la journée, puis fait dire à chacun ce qu'il espère et en attend. Les réponses se ressemblent beaucoup. En gros, ils veulent apprendre et ont peur de ne pas apprendre. Simple...

Alors ils vont apprendre. D'emblée, la séance s'ouvre par une heure de cours sur les organes génitaux féminins, animée par des dessins au réalisme assez cru. Impassible, Amila montre avec une règle de quoi il s'agit, après avoir demandé à deux volontaires de préciser ce qu'ils connaissent desdits organes. Pour ce qui est de l'externe, ils s'en sortent à peu près. Mais les détails plus internes et les subtilités de la reproduction leur sont quasiment lettre morte. Faut-il préciser que ricanements et plaisanteries sont légion pendant cette étape...

Victoire sur l'excision

Puis, insensiblement, l'étau se resserre. Que savent-ils de l'excision ? Que savent-ils du pourquoi de l'excision ? Que croient-ils que la religion dise sur l'excision ? Les coutumes, les prétextes sont démontés, les certitudes de plus en plus ébranlées. Quand la journée s'achève, il est tard. Tout le monde est visiblement fatigué. L'un a protesté parce que c'était aujourd'hui la fête du *mouloud*[1], et qu'on l'attendait chez lui. Un autre est parti. Mais plusieurs se sont intéressés, et aucun n'a violemment rejeté ce qui se disait, comme cela s'était parfois produit plus haut dans le nord du pays. Qu'en restera-t-il ? Le soir, les animateurs s'affrontent. Roger y croit, Séverine Zongo, sa collègue, a des doutes. Cela fait plusieurs mois déjà qu'ils sont là, et ils resteront encore six mois sur place, perspective que Roger n'envisage pas sans une certaine lassitude. Il énumère les difficultés auxquelles ils se heurtent : manque de moyens face à des demandes grandissantes, pesanteurs sociologiques, clandestinité grandissante... « La vraie difficulté, c'est d'arriver à convaincre les chefs traditionnels. Ils ont peur que cela ne sape leur influence, ce que confirme souvent à leurs yeux la permissivité des jeunes. » Les chefs coutumiers sont les maillons les plus nécessaires à faire sauter, vrai pouvoir dans le village, seuls vraiment à influer sur des changements de comportements, supérieurs même à l'influence des chefs religieux.

---

1. Fête d'un saint musulman.

L'exemple burkinabé

« *On l'a toujours fait* »

Changement de décor dans le nord du pays, province d'Oudalan. Karamoko Traoré est chef coutumier. Une cinquantaine d'années, quelques boucles grises dans une barbe courte, la tête ceinte d'un chapeau traditionnel, le boubou bleu et blanc. Toute cette agitation autour de l'excision l'amuserait presque. Officiellement, bien sûr, chez lui on n'excise plus puisque la loi l'interdit. Mais il désapprouve ce changement de cap. « On a toujours excisé. C'est la tradition. Pourquoi maintenant faudrait-il la changer ? » Sur les fondements de cette tradition, il a aussi ses convictions : « Si on ne les opère pas, les filles courent partout. Pour qu'elles arrivent vierges au mariage, il faut qu'elles soient excisées. Et c'est plus hygiénique. » Les arguments se chevauchent, suite de croyances plus qu'arguments, dont aucun n'est épuisé ni réfléchi jusqu'au bout. « Dans le village de mon beau-frère, il y a des femmes qui ne sont pas excisées. Elles sont folles. » Folles comment ? Il sourit, mais ne répond pas. « Nous avons toujours eu du plaisir avec nos femmes excisées. Aujourd'hui, les jeunes ne respectent plus nos coutumes. C'est pour ça qu'il y a le sida, que le divorce augmente et la prostitution aussi. Les premiers musulmans se cachaient pour prier, et ils ont fini par gagner. Ce sera pareil pour ceux qu'on oblige à exciser en cachette. Moi, j'ai voulu que mes filles soient excisées. J'ai fait mon devoir. Maintenant, c'est à mes filles de faire le leur. » Dans la même province d'Oudalan, un autre chef traditionnel renchérit : « Même les femmes non excisées ont des problèmes d'accouchement. C'est idiot de dire que c'est lié. La femme excisée peut faire des tâches que les femmes non excisées ne peuvent pas faire. Chez les *bella*[1], on n'excise pas. Nous ne sommes pas des *bella*. » Ces arguments peuvent aller parfois jusqu'au délire : ainsi, au-delà de la fidélité et de la pureté, on entend dire que le clitoris contient des vers (confusion souvent faite avec les sécrétions vaginales liées à une mauvaise hygiène intime), qu'il rendrait l'homme impuissant, que le fait que la tête du bébé le touche le tuerait à la naissance... On entend aussi parler des odeurs qu'il dégage, du courage des filles qui ne pleurent pas pendant leur excision. Plus sérieux est sans doute l'argument de l'initiation, l'excision faisant souvent partie d'un rite. Mais que signifie ce rite quand, comme aujourd'hui, on excise les enfants de plus en plus jeunes, parfois à quelques mois seulement ? L'argument de la perte du plaisir est en revanche difficile à faire passer, comme le constate Zachari Congo, sociologue : « La plupart des femmes excisées l'ont été vierges, et elles ont du mal à réaliser ce qu'elles ont éventuellement perdu. Quand elles se mettent à y penser, beaucoup ressassent : "D'accord, il y a mieux. Mais comment avoir ce mieux ?" Pour lutter, il vaut beaucoup mieux mettre en avant les arguments sanitaires. On peut concevoir de réparer pour faciliter l'arrivée d'un enfant. Pas pour que les femmes augmentent leur plaisir sexuel. »

Et souvent c'est la crainte du Blanc qui se fait jour : « Tout ça, c'est des trucs de Blancs. Le Blanc veut nous

---

1. Groupe d'esclaves.

L'exemple burkinabé

faire quitter nos coutumes pour adopter les siennes. »
Boubacar Traoré, après avoir comparé excision et circoncision, ajoute dans un texte intitulé *Ne condamnez pas l'excision* : « A bien des égards, le combat contre l'excision témoigne également d'un fulgurant choc des cultures. Comment expliquer à une vieille exciseuse du Mali, dont les compétences ont été transmises par sa mère qui les tenait de sa mère, que son activité est aujourd'hui un crime ? Il est des pratiques qui peuvent nous paraître, avec une vision occidentale, pour le moins sauvages, mais qui s'inscrivent en d'autres lieux comme un rite banal. La question est uniquement d'ordre culturel. Et, toutes proportions gardées, vous trouverez plus d'un Africain scandalisé de voir que beaucoup d'Occidentaux n'hésitent pas à se débarrasser de leurs propres parents, une fois qu'ils sont devenus vieux, pour les placer à l'hospice. La question n'est pas d'être pour ou contre l'excision, ni pour ou contre l'hospice. Il s'agit de faire preuve de plus de distance dans son approche du problème. Et de ne pas se laisser happer par la facilité d'un jugement manichéen, dicté par un ethnocentrisme endogène. » Argument que, de manière plus étayée, reprennent certains intellectuels africains, comme Ferdinand Ezembe, fondateur et président de l'association Afrique conseil, qui affirme : « La France attaque l'excision avant tout parce que c'est une pratique africaine... L'excision est un problème de femmes et en tant qu'homme je ne suis pas bien placé pour donner un avis. Il est normal qu'elle pose un problème dans un monde moderne où elle est désacralisée. Mais la ramener à un problème sexuel est quelque peu farfelu. Les femmes frigides, ça existe [1].... »

---

1. Propos recueillis par Falila Gbadamassi pour Afrik. com.

Ce débat – respect des cultures ou affirmation de valeurs universelles – est récurrent chez les humanitaires. Pierre Foldes ne prétend pas l'avoir résolu. Comme souvent, il met en avant ses apprentissages plus que le fruit de réflexions théoriques. Oui, le problème se pose régulièrement. Oui, il a fini par y apporter une réponse qui, si elle n'est pas dogmatique, s'est quand même dégagée avec force de vingt-cinq années de travail sur le terrain : « Nous ne sommes bien sûr pas là pour imposer nos valeurs : c'était la tâche des colonisateurs et des missionnaires, et notre époque a heureusement un rapport plus subtil à l'approche de l'autre. Mais en termes purement médicaux, nous sommes appelés à développer et mener des actions. Or, des faits constatés, indéniables, produisent sur les populations des effets délétères desquels, la plupart du temps, les victimes se plaignent. Ce n'est qu'à partir d'une plainte que nous nous permettons d'intervenir. En aucun cas il ne s'agit de porter de l'extérieur un jugement sur un fait culturel qui nous est étranger. Mais on ne peut échapper au constat des conséquences. Il y a quand même un moment où ça décroche. Il faut reprendre la main. C'est un peu le même problème qui se pose pour le respect des médecines locales et primitives dans le traitement de certaines affections : il n'est jamais dans notre intention, ni dans notre intérêt d'ailleurs, de les affronter mais de chercher à vivre à côté, de trouver ce qu'elles ont de complémentaire à notre démarche et d'apporter un plus quand c'est nécessaire. Mais nous n'avons pas non plus le droit d'ignorer cette nécessité quand elle se présente. Quelles sont les valeurs universelles ? Je ne sais pas. Dans tous ces débats, je sais simplement,

L'exemple burkinabé

et je le sais à partir de mon vécu de terrain, qu'il y a toujours un moment où certaines choses ne sont plus acceptables. Là, c'est vraiment le point de vue du médecin qui s'affirme, et je pense qu'il est universel. Nous nous fixons un grand nombre de limites dans le respect des coutumes : le moment où il faut intervenir doit être évident pour tout le monde. C'est ce qui fait l'universalité de la valeur : quand elle est reconnue par tout le monde. »

Le bras de la loi

Le téléphone qui sonne est depuis peu un numéro vert : 80 00 11 12. « Sans ça, même le coût de la communication pouvait dissuader les gens. » Antoine Sarron décroche. Il est gendarme. Ce numéro, c'est celui de SOS Excision, ouvert à tous ceux qui souhaitent dénoncer une excision ou sa préparation. Cette fois, un homme signale qu'une excision se prépare dans une cour, zone de Tampoui, à Ouagadougou. Antoine monte dans la voiture de la gendarmerie et démarre.

Tampoui : un de ces quartiers pauvres comme il y en a de plus en plus autour de la capitale, même si pointent aux loin les constructions de « Ouaga 2000 », la nouvelle ville à la Brasilia qui sort de terre. Une rue non bitumée de terre rouge d'où se lève la poussière dès qu'un véhicule passe, des mendiants qui dorment par terre, un canal pour l'écoulement des eaux, des boutiques sans fin qui vendent de tout, des *maquis*, petits restaurants populaires à l'intérieur desquels grésillent des abats de mouton. La voiture stoppe devant une maison, provoquant tout de suite un attroupement. Le gendarme sort et frappe. Aussitôt, remue-ménage dans la rue, plus curieux qu'agressif. Tant mieux : plus ils seront à voir et entendre, plus le message portera. Une femme vient ouvrir. Sait-elle de quoi il s'agit ? Dans son œil passe la vieille lueur mêlée de malice et de crainte de ceux qui attendent la police et espèrent bien la gruger.

« Bonjour. Je suis gendarme. Nous avons eu un coup de fil nous prévenant qu'il allait y avoir une excision. »

Silence. Puis un homme arrive : « Une excision ? Ici, non. »

Antoine a déjà compris qu'il est tombé à la bonne adresse. Les dénégations de l'homme sont à la fois trop fortes et pas assez convaincantes. Il pénètre dans la cour avec les deux gendarmes. Deux petites filles y jouent. Laquelle des deux doit être opérée ? Les deux peut-être ? Il est encore temps de stopper la chose. Lui aussi, il explique. Il dit que l'excision est interdite, rappelle la loi, les risques qu'il y a, essaie de justifier le pourquoi de l'interdit. En face, sans avouer (il ne les y poussera pas), la maisonnée ne nie même plus. Apres une heure de discussion, Antoine repart. A-t-il convaincu ? Il ne sait. Mais il préfère prévenir que réprimer. « Maintenant, ils savent. J'espère que le message va passer. Beaucoup d'excisons ont encore lieu parce que les gens sont ignorants. S'ils le font quand même, on le saura. Et du coup, je devrai sévir. »

En province, c'est la brigade de gendarmerie locale qui se rend sur place. Une solution pourtant simple

L'exemple burkinabé

est systématiquement refusée : celle qui consisterait à vérifier toutes les petites filles nées après la loi et à punir les parents de celles qui seraient excisées. L'« éthique » ou la « pudeur » sont mises en avant, qui l'interdisent.

Mais ils sont encore quelques-uns, trop, à passer outre. Même en ville. En 2004, Ouagadougou a été bouleversée par l'arrestation et la condamnation d'une dame, Adama Barry, multirécidiviste. Le 16 août, elle et treize de ses complices étaient arrêtés dans le quartier de Tanghin, en peine ville. Seize fillettes venaient d'être excisées, toutes avec la même lame, et transportées à la clinique El Fateh-Sulna. Dame Barry prenait 250 francs CFA par opération. A soixante-dix ans, elle avait déjà fait quatre séjours en prison pour avoir excisé. Cette fois, elle a écopé de six ans d'emprisonnement. Elle est depuis devenue le symbole de l'obstination de l'excision.

Elle n'est hélas pas seule : le 15 août 2004, on découvrait cinq victimes à Massé, dont une qui était morte à l'âge de deux ans. Le grand-père avait sollicité l'excision. L'exciseuse, Bila Kaboré, avait pourtant été sensibilisée et avait déposé ses couteaux, jurant d'arrêter. Un mois plus tard, en septembre 2004, dans la province du Nahui, c'est une fillette elle-même qui demandait à se faire exciser parce que ses copines se moquaient d'elle. Là encore, l'exciseur avait déposé ses couteaux, mais les fétiches lui avaient dit qu'il mourrait dans l'année s'il ne le faisait pas.

L'inévitable danger lié à toute prohibition se développe autour de l'excision en ce moment, à savoir le refuge dans la clandestinité. On excise en cachette, on excise de plus en plus tôt, des enfants de quelques

Victoire sur l'excision

jours parfois parce que c'est plus facile. Régulièrement, les gens des villes vont à la campagne où l'on voit parfois de somptueux 4 × 4 s'arrêter devant la porte d'une exciseuse. Les parents voulant exciser leur enfant passent au Mali ou au Ghana, où aucune loi n'interdit la pratique. Il n'y a pas encore eu de condamnations prononcées pour des excisions faites à l'étranger. L'hygiène est du coup encore plus improbable, les tarifs des exciseuses augmentent. Dans quelle proportion ? Il est très difficile de le savoir.

Les « poches de résistance » sont encore nombreuses. Seize provinces sont toujours identifiées comme étant à forte prévalence. Pour les exciseuses, qui transmettent leur charge de mère en fille, le métier du fait de sa clandestinité devient de plus en plus rentable. « J'ai observé ma grand-mère pendant dix ans puis j'ai pris le relais, explique une femme de Markoye, dans la province d'Oudalan. J'ai excisé de vingt-deux à quarante-six ans. J'étais contactée par les mères. J'ai arrêté le jour où une petite fille a failli mourir. »

Certaines pourtant abandonnent, et on commence dans certains pays, dont le Burkina, à voir des exciseuses déposer leurs couteaux. Mais que faire ensuite de ces femmes, dont on a confisqué le gagne-pain ? Un débat s'est ouvert sur la nécessité pour l'Etat de leur procurer un travail de substitution. En Guinée, certaines exciseuses ont menacé de reprendre le couteau si elles n'étaient pas mieux subventionnées, et des jeunes n'ayant jamais pratiqué se sont déclarées comme exciseuses abandonnant le métier pour avoir droit à ce travail de remplacement. Félicité Bassolé, présidente du Comité national de lutte contre la pratique de l'excision, s'oppose à cette solution, y voyant à la

L'exemple burkinabé

fois une légitimation de leur activité antérieure et l'occasion pour elles de faire du chantage si leur reconversion ne leur convient finalement pas : « Je ne veux pas les reconvertir car les reconvertir, c'est aussi les reconnaître. »

Beaucoup reste à faire. Le Comité national de lutte contre la pratique de l'excision n'est pas un outil parfait. Dénué de moyens, sans toujours le réel pouvoir d'atteindre les objectifs qu'il s'est fixés, impuissant à juguler la montée des excisions clandestines, il a quand même obtenu des résultats patents. L'information au Burkina-Faso a grandement progressé. 90 % de la population sait maintenant que la loi existe. Et ceux qui la transgressent savent désormais ce qu'ils font. Et ce qu'ils risquent.

Autres pays, autres lois

La loi burkinabé est la plus sévèrement appliquée, mais elle n'est pas la seule à exister. Au fur et à mesure qu'était reconnue et affirmée la nuisibilité de l'excision, au fur et à mesure qu'était démontré le flou des raisons la justifiant, la loi se mettait elle aussi, parfois localement, parfois dans des contextes internationaux, à réprimer et interdire les mutilations. Le Soudan, l'un des pays où l'infibulation est encore la plus présente, vota en 1946 un interdit partiel de la pratique. D'autres lois passèrent en Sierra Leone en 1953, en République centrafricaine en 1966, en Somalie en 1978, au Kenya en 1982 (interdiction à toute personne

Victoire sur l'excision

dépendant du ministère de la Santé de pratiquer des excisions, plus quelques interdictions locales), au Liberia en 1984, au Ghana en 1994, à Djibouti en 1995, en Côte-d'Ivoire en décembre 1998. L'Egypte a voté l'interdiction de l'excision en 1959 puis à nouveau, dans des textes plus élaborés, en 1978 et en 1997. Le Sénégal s'est engagé en janvier 1999. Cette affirmation, premier pas nécessaire, a hélas souvent tendance à rester théorique, et les difficultés d'application sont réelles, quand les textes ne sont pas vidés de leur sens par des ajustements ultérieurs[1]. Au Soudan, en 1946, la réaction de la population fut très violente : il y eut des excisions en masse pour protester, et des émeutes pendant les arrestations des contrevenants. La loi fut alors amendée, et elle est depuis restée lettre morte. En Côte-d'Ivoire, l'excision est déclarée illégale mais les textes ne sont pour l'instant pas appliqués, et des ressortissants de pays voisins plus rigoureux viennent y faire exciser leurs enfants. Au Sénégal, le président Abdou Diouf s'est engagé de manière ferme. Mais au moment où l'Assemblée nationale a voté, le tollé a été tel parmi les chefs religieux et même dans les discours de certaines féministes que Diouf, en Conseil des ministres, a préconisé une application « avec discernement » de la loi en question, ce qui en limite considérablement l'efficacité. La bonne volonté malgré tout exprimée s'est ensuite heurtée à des problèmes concrets, dont la résolution est en voie d'étude par l'Assemblée nationale. Ainsi, seul le procureur a le droit de déclencher l'enquête, et donc le procès. Les enfants ne peuvent

---

1. Cf. chapitre 9.

pas porter plainte, et les associations ne peuvent pas se porter partie civile à leur place.

Le sommet de l'Union africaine de Maputo, en 2003, a été très important, avec l'adoption d'un protocole sur les droits des femmes en Afrique. Mais, au premier trimestre 2005, seuls trois pays de l'Union africaine avaient ratifié ce protocole : les Comores, la Libye et le Rwanda. Le Kenya a promis de le faire. Or, les dispositions légales et pratiques pour lutter contre l'excision et l'infibulation n'entreront en vigueur que lorsque quinze pays auront ratifié le protocole. Au Caire, en 2003 également, et à Nairobi en septembre 2004, furent formulées des déclarations appelant les gouvernements à voter pour une interdiction complète des mutilations génitales féminines. Enfin, dernière victoire en date, le Premier ministre djiboutien, Dileita Mohamed Dileita, annonça en février 2005 la ratification du protocole de Maputo au cours de la cérémonie de clôture de la conférence subrégionale organisée par l'association Pas de paix sans justice et le gouvernement djiboutien. Avec 98 % d'incidence de mutilations, Djibouti, l'un des pays les plus atteints, devenait le leader de la lutte dans la région. Mais représentants religieux et représentants de la société civile s'affrontèrent violemment. Un texte présenté par les religieux interpréta de façon très permissive le Coran, texte que, devant la levée de boucliers qu'il provoqua, le ministre du Culte Mogue Dirir Samatar retira.

Au niveau international aussi la mobilisation s'est faite. La Déclaration universelle des droits de l'homme, le Pacte international relatif aux droits civils et politiques, le Pacte international relatif aux droits économiques, sociaux et culturels et trois conventions régionales sur les droits de la personne (la Convention européenne de sauvegarde des droits de l'homme, la Convention américaine des droits de l'homme, la Charte africaine des droits de l'homme et des peuples) affirment que le sexe est un motif de discrimination illicite. Plusieurs traités adoptés par les Nations unies et l'Organisation de l'Unité africaine (dont une Convention relative aux droits de l'enfant adoptée par l'assemblée générale de l'ONU en 1989) reconnaissent la mutilation génitale comme une atteinte aux droits de l'enfant. La 45e assemblée médicale mondiale a adopté à Budapest en 1993 une déclaration condamnant les mutilations génitales féminines malgré l'« identité culturelle » des personnes concernées. Le 29 novembre 2000, une journée internationale contre ces mutilations a été instaurée au Parlement européen de Bruxelles. Le 26 février 2001, une résolution, la résolution 2035, a été adoptée au même Parlement européen, dénonçant les mutilations. Des lois interdisant l'excision ont été promulguées en Suède en 1982, en Suisse en 1983, en Angleterre en 1985, aux Pays-Bas en 1993, en Australie en 1996, aux Etats-Unis et en Australie en 1996. En France où la loi a été votée en 1983, les actions contre l'excision se sont même développées jusqu'à mener notre pays à la pointe de la lutte puisqu'il est aujourd'hui le seul au monde à traîner devant les cours d'assises les auteurs et les complices d'excisions et à les faire condamner. Certaines des patientes de Pierre Foldes se sont ainsi retrouvées confrontées, dans leur prétoire, à ceux et celles qui les avaient amputées.

5.

Un procès en France

Une fille seule devant la barre, accusatrice. Un petit groupe de personnes, dont beaucoup ne parlent même pas la langue de leurs juges, confrontés à un système dans lequel ils ne se reconnaissent pas, qui est déconnecté de leur culture et qui a le pouvoir, dont il use souvent, de les envoyer en prison pour un crime dont la nocivité leur reste étrangère... Est-ce de la justice ? Certains en doutent. Plusieurs des patientes de Foldes ont pourtant décidé de porter plainte contre ceux et celles qui les ont excisées, ou ont été convoquées comme témoins dans un procès mené par des associations. Le chirurgien croit, lui, très fortement à la nécessité de ces procès : « Ces procès, parfois critiqués, extrêmement utiles dans le domaine du symbolique, sont aussi très frappants pour les communautés exciseuses. C'est un de ces cas incontestables où l'exemplarité joue à plein. Ils sont l'expression du droit, et je les crois profondément justes. »

Victoire sur l'excision

Une Bretonne ouvre la brèche

Incroyable mais vrai : c'est une Bretonne qui a ouvert la première brèche dans le système judiciaire français. Cette malheureuse, qui ne s'était livrée à aucun acte rituel, était plus simplement une mère dénaturée et, sans que la raison en soit bien claire, avait excisé elle-même sa petite fille, victime de multiples autres maltraitances par ailleurs. Elle est condamnée. Et le 20 août 1983, la Cour de cassation assimile l'ablation du clitoris à une mutilation telle qu'elle est définie par l'article 312 du code pénal, « perte partielle ou complète d'un membre ou d'un organe ». La décision est très importante : l'excision devient un délit en soi, et l'aspect culturel ou religieux n'est pas un critère d'absolution. Le fait restera patent, même si les défenseurs de l'excision et des excisés argueront régulièrement qu'on ne peut assimiler une pure maltraitance et une coutume. En 1987, la cour d'assises de Paris ira d'ailleurs plus loin dans la définition : « L'excision est une mutilation étant donné le rôle des organes en cause dans la physiologie sexuelle féminine et s'agissant d'atteintes définitives et irréversibles à l'intégrité physique des victimes. » Elle tombe sous le coup des articles 222-9 et 10 du nouveau code pénal.

Pas capital, qui n'est pourtant pas tout à fait le premier. Déjà en 1979, la 16e chambre correctionnelle de la cour d'appel de Paris (correctionnelle simplement) avait poursuivi et condamné à un an de prison avec sursis une exciseuse qui avait causé la mort, le 24 juin

Un procès en France

1978, d'une petite fille de trois mois et demi. L'enfant, prénommée Doua, était décédée, estimait l'arrêt, à la suite de « maladresse, inattention et négligence ». De remise en cause du principe de l'excision, point. Les parents n'avaient pas été inculpés.

La première grande affaire d'excision suivra donc la décision de la Cour de cassation et aura lieu en 1984. Les faits remontent à deux ans plus tôt. Le 13 juillet 1982, une fillette malienne, Bobo Traoré, âgée de quelques mois, meurt deux jours après avoir été excisée. L'affaire fait grand bruit, et déborde très vite la communauté malienne pour devenir une cause nationale. Plusieurs associations (Choisir, Enfance et partage) et la ministre des Droits des femmes Yvette Roudy vont jusqu'à demander que la loi change : de simple délit, l'excision doit maintenant être considérée comme un crime. L'affaire Traoré va fournir la possibilité d'ouvrir une première brèche, vite refermée.

Le 1er mars 1984, les parents de Bobo comparaissent devant la 14e chambre correctionnelle de Créteil. Plusieurs associations sont représentées, dont deux par maître Linda Weil-Curiel, qui va devenir l'avocate la plus présente sur ce genre d'affaires. Découvrant l'excision à l'occasion de ce procès, elle comprend que seule la cour d'assises, donc la qualification du délit en crime de « mutilation », permettra que les affaires aient toute l'ampleur souhaitée. Pour cela, un seul moyen : qu'une association de protection de l'enfance se constitue partie civile. Mais toutes se défaussent en apprenant qu'il faut plaider contre les parents. Une association féministe acceptera finalement. Elle demande que l'affaire soit renvoyée en cour d'assises.

Victoire sur l'excision

Le président accède à sa demande. C'est une première grande victoire. Victoire qui paraît définitive quand la décision est confirmée en appel. Hélas, la Cour de cassation, qui avait pourtant ouvert la possibilité par son arrêt de 1983, casse le jugement. Les parents de Bobo sont renvoyés devant le tribunal d'Amiens, où ils n'écopent que de six mois de prison avec sursis. Les clameurs à l'époque se taisent, et la décision fait peu de vagues.

Et des malentendus s'installent. Les réactions sont violentes : beaucoup refusent ce diktat. D'autres l'interprètent comme un simple avertissement : faites attention, il ne faut pas que l'enfant meure. Ce qu'on retient de l'affaire Traoré, c'est qu'il y a eu procès parce que l'excision a été mal faite. Mais si elle est réussie, il n'y a nul problème. L'Association des travailleurs maliens lancera pourtant un appel, invitant ses membres et leurs familles à renoncer à la coutume.

Devant les assises

Il faudra attendre encore quatre ans pour que le premier procès d'assises s'ouvre enfin. C'est à Poitiers, le 28 mai 1988. La victime s'appelle Mantessa Baradji. Elle avait six semaines quand une anémie aiguë, suite de l'hémorragie qu'a provoquée son excision, la tue. Le père et ses deux femmes sont ensemble dans le box. Ils se refuseront à dénoncer l'exciseuse, et M. Baradji prétendra avoir lui-même réalisé le geste fatal. Mensonge classique : il est rarissime que les

Un procès en France

parents, dont le rôle se limite à maintenir immobile l'enfant, aient eux-mêmes à pratiquer l'excision, qui est toujours le fait d'une personne dévolue à cette charge. Mais on croira M. Baradji. Là encore, la peine sera faible : trois ans de prison avec sursis. Là encore, l'idée que la mort de l'enfant seule est condamnable se répand. Mais en octobre 1989, une mère ayant fait exciser sa fille à l'âge de huit jours sera condamnée à son tour à trois ans de prison avec sursis. Pourtant l'enfant est toujours vivante. La mutilation devient une faute à elle seule.

La loi française, sous le coup de l'arrêt de 1983, devient donc très contraignante pour les auteurs d'excision, prévoyant dix ans de prison et 152 450 euros d'amende, vingt ans de prison si la victime a moins de quinze ans et que l'auteur est une personne ayant autorité sur lui, trente ans si les violences ont entraîné la mort[1]. Les complices sont également susceptibles de poursuites : quiconque a su qu'une excision allait se produire ou assisté à une excision sans rien dire est susceptible de récolter cinq ans de prison et 76 245 euros d'amende[2]. Les médecins ne sont pas liés par le secret professionnel dans les cas d'excision[3], et eux comme les responsables de la Protection médi-

---

1. Articles 222-9 et 222-10 du code pénal.
2. Articles 226-14 et 223-6 du code pénal : « Le délit de non-assistance à personne en danger s'applique à toute personne, professionnel ou simple citoyen, qui ne signale pas le danger qu'encourt une fillette menacée de mutilation sexuelle, que celle-ci soit prévue en France ou à l'étranger. » Au plan civil, le conflit est régi par les articles 16 à 16.9 du code civil relatifs au respect du corps humain.
3. Loi du 15 juin 1971 modifiant l'article 378 du code pénal.

Victoire sur l'excision

cale infantile ont obligation de les dénoncer[1] quand ils en ont connaissance. Tous ces textes ne sont pas dirigés directement contre l'excision, mais contre les violences envers les adolescents. Pourtant l'arrêt de la Cour de cassation autorise à faire l'assimilation. Que l'excision soit faite à l'étranger, si elle l'est sur une enfant française, n'exonère pas les coupables.

Les procès se multiplieront : en vingt ans, il y en aura plus d'une quarantaine. D'autres dates suivront, qui marqueront la plupart du temps des avancées. L'affaire Koulibaly verra pour la première fois une exciseuse être condamnée. Maliens, les Koulibaly avaient fait opérer leurs six petites filles entre 1982 et 1983. Si les parents ont pris cinq ans de prison avec sursis, l'exciseuse, elle, pour la première fois, a écopé de cinq ans de prison fermes. En 1984, pour la première fois aussi, des parents, M. et Mme Konte, dénoncent eux-mêmes l'exciseuse qui a été responsable de la mort de leur petite fille. Aramanta Keita est inculpée, et les parents qui ont collaboré ne sont plus cités que comme témoins.

Puis c'est au tour des mères d'être condamnées. La première fut Teneng Fofana, une Gambienne. En 1993, elle comparaît devant la cour d'assises et est condamnée à cinq ans d'emprisonnement dont un ferme pour avoir excisé ses deux filles. Pour la première fois, une peine importante est infligée sans qu'il y ait eu mort d'enfant.

---

1. Loi « Protection médicale et infantile » du 18 décembre 1989.

Un procès en France

Les affaires Gréou

Il y a aussi des retours en arrière. En 1994, la cour d'assises de Paris, lors d'un procès, acquitte les parents et ne condamne Hawa Gréou, une exciseuse fameuse qui allait le devenir encore plus cinq ans après, qu'à un an de prison avec sursis. La décision sera prise trop souvent comme une autorisation à exciser, et dénoncée comme telle par les avocats des victimes et les associations. Le palmarès d'Hawa Gréou, qui se révélera cinq ans après, tend à prouver que cette interprétation n'était pas tout à fait fausse.

En 1999, c'est le deuxième procès d'Hawa Gréou, Malienne de cinquante-deux ans, poursuivie pour quarante-huit excisions. Un événement. La femme, installée en France depuis 1979, a déjà passé cinq ans en prison préventive, sans demander de remise en liberté. Vingt-cinq personnes (vingt-deux mères et trois pères) sont présentes sur le banc des accusés. C'est une jeune fille qui a elle-même dénoncé ses parents, une jeune fille de dix-huit ans, Mariatou Koita. Elle a donné le nom de l'exciseuse. En fouillant chez elle, les policiers ont trouvé un carnet avec des noms, qui a permis d'inculper vingt-cinq parents pour un procès long et emblématique. Parcours un peu à part, sans doute, que celui de Mariatou : elle est placée en famille d'accueil jusqu'à l'âge de huit ans, âge où ses parents la récupèrent. L'exciser est l'une des premières choses qu'ils font. Elle et ses trois sœurs sont emmenées pour être « vaccinées ». C'est toujours la

Victoire sur l'excision

même scène : une salle de bain, les fillettes immobilisées, coupées... Quand elle entend sa sœur crier derrière la cloison, Mariatou demande à sa mère ce qui se passe. « Ma mère a pleuré, dira-t-elle à l'audience. Mais c'était par honte que je lui demande des explications. » Le choc est d'autant plus douloureux (« Depuis, dira-t-elle à la barre, je n'ai jamais pu croiser les jambes sans avoir la sensation de recevoir des décharges électriques ») que Mariatou se souvient d'avoir été très bien reçue au sein de sa famille d'accueil. « J'étais la dernière, la chouchoute. Tout d'un coup je me suis retrouvée l'aînée, sans préparation. Je ne connaissais pas la langue, ni la cuisine, je n'avais jamais été tressée [1]. » Dès son opération, elle sait ce qu'elle fera, avec une obstination étonnante chez la petite fille qu'elle fut, et dont il reste encore des traces quand elle témoigne, élégante jeune femme. « Quand je suis arrivée à huit ans chez mes parents, je ne comptais pas mon âge comme les autres petites filles. Je comptais à rebours, jusqu'à mes dix-huit ans. J'étais assez intelligente pour ne pas fuguer. Ils m'auraient rattrapée. »

Des deux sœurs de Mariatou, également présentes à la barre, une seule, Sirag, n'a pas quitté la maison à la majorité. En 1999 elle était mariée à un Malien, attendait un enfant : « Je prends bien l'excision. Je sais que ma mère l'a fait en pensant que c'était bien. J'ai accepté, je ne vois pas pourquoi je me prendrais la tête. » Sa sexualité lui paraît satisfaisante : « Sinon, pourquoi me serais-je mariée ? » Même son de cloche chez Marieta, une autre jeune fille excisée par Hawa

---

1. Propos recueillis par Blandine Grosjean, in *Libération*, 10 février 1999.

Un procès en France

Gréou, qui reste choquée par ce qui arrive à ses parents : « J'ai vu ma mère humiliée, contrainte de répondre à des questions odieuses sur sa vie privée : avez-vous été excisée ? Quand vous faites l'amour, que ressentez-vous ? Je ne ferai pas exciser ma fille parce que je vis en France, et parce qu'il s'agit là d'un acte interdit par la loi française. Mais mes parents ne savaient pas cela. Ils faisaient ce que leur tradition leur a toujours dit de faire. Et là, on les traîne devant la justice, on les oblige à parler de ce dont ils ne parlaient jamais. C'est un manque de respect total. » Marieta affirme ne sentir aucune douleur particulière du fait de son excision, et avoir une vie sexuelle satisfaisante, dont son partenaire ne s'est jamais plaint. Maimouna, la jeune sœur de Mariatou, raconte elle aussi la salle de bain, les couteaux, la douleur, l'interdiction d'en parler. « L'auraient-ils fait à l'aube, en secret, en nous interdisant d'en parler s'ils n'avaient pas su que c'était interdit ? J'ai le souvenir d'un plastique roulé par terre et de moi les jambes écartées. Voyez-vous, une opération, ça se fait dans un bloc opératoire. Moi, mon excision, ça s'est fait de manière barbare, et personne ne nous a jamais rien dit. J'ai compris qu'on m'avait retiré le clitoris en lisant les journaux. » Poussée par le président, luttant contre sa pudeur, elle avoue quand on la questionne sur ses rapports sexuels : « Je n'ose pas aller de l'avant, je suis bloquée, bloquée par ça. » Et elle laisse deviner l'épreuve qu'est ce procès : « Me déshabiller trente-six mille fois devant des inconnues, montrer mon corps, être confrontée à l'exciseuse et aujourd'hui me retrouver devant vous, c'est assez pour moi. » En veut-elle à ses parents ? Après un long silence, elle répond :

« Il n'y a même plus de colère, il n'y a rien. » Pour la première fois aussi, dans ce procès, les victimes demandent des dommages et intérêts.

Pendant ce temps, l'ambiance est à la révolte dans le banc des accusés. La mère de Mariatou et Maimouna éclate face à une question du juge : « Et moi, est-ce que je vous demande avec quoi votre mari se rase ? » Les jeunes filles qui sont venues témoigner se font traiter d'« imbéciles ».

Les avocats plaideront la différence culturelle. L'avocat général, Philippe Bilger, sera très clair : « Dans les coutumes qui nous sont soumises, il y a des pratiques qui sont honorables et d'autres qui ne le sont pas, et il n'est pas admissible de porter atteinte à l'intégrité de l'être humain, où que l'on soit, en France, au Mali ou en Gambie. » Le verdict sera très dur : Mme Koita écopera de deux ans de prison fermes, les autres parents de peines avec sursis et Hawa Gréou sera condamnée à huit ans de prison, après quinze jours d'audience et onze heures de délibération. Aujourd'hui, elle en est sortie, sans que la repentance semble très nette. A l'émission « Merci pour l'info »[1], en 2003, elle déclarait encore que ses deux cents petites filles excisées lui ouvriraient les portes du paradis d'Allah.

Ce procès, très médiatisé, sera aussi symptomatique du problème culturel naissant entre l'Europe et l'Afrique. S'il est en France unanimement reçu comme une victoire sur un certain obscurantisme, il est très mal perçu de l'autre côté de la Méditerranée, où la sévé-

---

1. Rapporté par Isabelle Gillette-Faye, présidente du Groupement pour l'abolition des mutilations sexuelles (GAMS).

rité montrée par la cour étonne même certains des pourfendeurs de l'excision. On y voit un mépris culturel profond, marqué par le passage aux assises et la dureté de la sentence, un nouvel avatar de la mission civilisatrice de l'Occident. Le rôle de Mariatou, qui a « balancé » sa mère, est très critiqué, et paraît une indignité à des sociétés très respectueuses des anciens. Intervenant au moment où les mesures contre les sans-papiers (« Avec humanité et avec cœur », avait dit le ministre de l'Intérieur Jean-Louis Debré avant de faire évacuer de force l'église Saint-Bernard...) se renforcent et font la une des journaux, elles paraissent un pas de plus dans la lutte du pays contre son immigration, et la preuve d'une crispation de la justice française, dépitée de constater certains refus persistants face à l'assimilation.

Bilan positif

Ces procès sont-ils utiles ? Oui, incontestablement. En France, la pratique a énormément baissé dans la région parisienne à partir de 1986-87. « Cela nous permet de mieux défendre notre point de vue face aux autres familles, dit Hamadou M'ba, sénégalais et convaincu de la nocivité de la pratique. On peut difficilement dire : "La coutume est mauvaise." Mais on peut dire : "Si j'habite en France et que je le fais, je vais aller en prison." L'argument est moins noble, mais il porte. » Le risque est la multiplication des excisions au pays, pendant les vacances.

Victoire sur l'excision

La plupart de ces procès ont amené à des condamnations, la plupart du temps des peines de prison avec sursis. Est-ce trop ? Est-ce insuffisant ? Le débat reste toujours ouvert. Les avocats de la défense continuent généralement de plaider la différence culturelle, et le fait que ceux qui excisent ne savaient pas que c'était interdit, se référant à des systèmes culturels où cela est bien.

Prenons un de ces procès, un parmi tant d'autres mais très caractéristique de leur déroulement, qui eut lieu en mars 2002 contre un couple, les Wagué, et un homme et ses deux femmes, les Diawara. Tous comparaissaient devant la cour d'assises de Bobigny pour avoir fait exciser leurs sept petites filles entre 1985 et 1989. L'exciseuse était absente. Les arguments des parents étaient classiques[1] : « J'ai fait exciser mon enfant par mesure de propreté, disait Camara, l'une des deux épouses de Mahmadou Diawara. J'ai moi-même été excisée, et ne m'en porte pas mal. » « C'est une affaire de femmes », expliquait le père. Les arguments des avocats de la défense aussi sont emblématiques : maître Yohanna Weizmann explique que « l'excision est pour ma cliente un acte nécessaire et normal » et maître Sophie Schidwen renchérit : « Elles n'avaient pas l'intention de faire du mal à leurs enfants, mais de montrer leur appartenance à la communauté. » Les experts (le docteur Prosper cette fois-ci) mettent en avant cette appartenance : « En milieu communautaire, il est souvent impossible de déroger à la règle sinon on s'isole et on se distancie », pendant qu'un médecin de la Protection médicale

---

1. Reconstitué avec *Le Monde* et *Le Parisien*.

infantile (le docteur Emmanuelle Piet, ici comme très souvent) rappelle l'horreur de la mutilation et de ses conséquences. Ce à quoi les avocats des parties civiles (maître Linda Weil-Cureil et maître Catherine Mabille, très présente également sur ce genre d'affaires) rétorquent : « A ceux qui disent que c'est leur culture, je réponds que le respect de l'intégrité physique est une valeur universelle et transculturelle. » Et elles affirment qu'il est difficile de croire que ces familles aient été privées de toute information, même si souvent les accusés parlent à peine français et vivent en milieu très clos. Le verdict a condamné à des peines de prison avec sursis (deux ans pour les Wagué, trois pour les Diawara) les accusés.

Souvent, les mères, elles-mêmes excisées, invoquent leur propre épanouissement, affirmant ne pas comprendre ce qu'il peut bien y avoir de mal dans ce qui leur a été fait. La présence de jurés populaires rend plus délicat encore l'équilibre des forces, car l'émotion est extrême et l'autorité de l'expert souvent un atout majeur. D'où le fait que l'argument culturel soit parfois pris en compte et que quelques affaires débouchent sur des non-lieux. Mais cela reste minoritaire.

Il a fallu convaincre les femmes excisées de s'exprimer : cheminement très difficile. L'une d'entre elles le raconte : « J'ai été approchée par des avocates, qui travaillaient dans l'association à laquelle je collaborais. Sur le principe, je disais oui. Et puis, plusieurs fois, je n'y suis pas allée. Je tombais malade, je faisais semblant d'avoir oublié la date de l'audience. C'était trop dur de parler de son intimité. Et j'avais le sentiment d'être traître à tout le monde dans ma communauté, que j'allais être stigmatisée. J'admire le courage de celles qui aujourd'hui le font. Mais elles sont plus jeunes. Elles se sentent plus détachées de ça. Elles ont été élevés en France, se sentent moins pudiques et moins attachées à la communauté... » De même, la constitution comme partie civile des associations africaines a longtemps été difficile. « Pour une Africaine, on ne met pas ses enfants à la DDASS. J'ai moi-même des enfants et des petits-enfants, et je ne ferai pas mettre ceux de mes compatriotes à la DDASS », disait l'une de ses membres [1].

Le Groupement pour l'abolition des mutilations sexuelles (GAMS) a longtemps été contre ces procès, que d'autres pays qui interdisent l'excision (Grande-Bretagne, Suède, Suisse...) se refusent à mettre en place. « Les mères comprennent l'interdiction, mais pas le procès, met en avant Isabelle Gillette-Faye. C'est ce qui m'a longtemps gênée, et me gêne encore : ces parents aiment leurs enfants. Ils n'ont nullement le sentiment de leur faire du mal. J'en ai vu plusieurs qui étaient dans une détresse énorme. Je me souviens d'une famille où la mère était sage-femme et n'avait pas pu empêcher l'excision, laquelle avait provoqué la mort de la fillette. C'était invivable pour eux aussi. Je suis toujours effrayée par la différence entre l'amour de ces gens pour leurs enfants et le fait qu'ils prennent délibérément le risque de les perdre. C'était la position du GAMS à une époque, proche de la position anglaise sur le sujet : nous étions contre les procès car on condamnait des parents qui n'avaient pas été informés. C'est beaucoup moins vrai maintenant. »

---

1. Cité par Isabelle Gillette-Frenoy, in *L'excision et sa présence en France*, GAMS, 1992.

Un procès en France

Ce sont parfois les filles qui défendent avec ardeur leurs parents. Ainsi, en décembre 2004, devant la cour d'assises de Paris, Afsatou K., quarante-trois ans, était jugée pour avoir fait exciser par l'inévitable Mama Gréou deux de ses petites filles, bébés, en 1986 et 1988. Et ce sont les deux petites filles, devenues adolescentes, qui furent les plus virulentes pour défendre leur mère. Alors que cette dernière, qui malgré vingt ans de présence en France a besoin d'un interprète, enveloppée dans un grand manteau marron, continue à voix basse d'expliquer qu'« une femme qui n'est pas coupée n'est pas propre », Maryama, dix-huit ans, s'emporte et s'en prend à la cour : « Mais qui lui a demandé dans quel état d'esprit elle se trouvait à l'époque ? Qui s'est inquiété de savoir qu'elle était alors enfermée vingt-quatre heures sur vingt-quatre ? Qui lui a demandé quelle pression elle a subie pour faire exciser ses filles ? Bien sûr que l'excision c'est mal. Moi je le sais. Mais ma mère ne le savait pas. » Aiisatou, sa sœur, seize ans, est encore plus en colère : « Depuis ce matin on n'arrête pas de me répéter que je suis une victime. Je ne suis pas la victime de ma mère. Ma mère, elle nous aime. Quand elle est revenue de sa garde à vue, elle m'a dit qu'elle ne savait pas que l'excision était interdite, et elle m'a demandé des excuses. Je lui ai pardonné, voilà[1]. » Et elle s'emporte contre les associations, qu'elle n'a jamais vues, et qui se sont portée partie civile[2]. Pierre Foldes reste pourtant convaincu de cette nécessité d'impliquer les

---

1. Cité par Emmanuelle Reju dans *La Croix*.
2. Ironie du sort : ce procès a été annulé, car les faits reprochés étaient prescrits, ce dont on ne s'est aperçu qu'après deux ans d'instruction et alors que le procès d'assises était commencé...

parents : « Je suis absolument pour le versement de dommages et intérêts et la condamnation des parents, parce que ce sont les parents qui sont en premier lieu responsables de la santé morale et physique de leurs enfants. Dans les revendications des filles qui viennent me consulter, et sont souvent de jeunes femmes, entre vingt et trente ans, on retrouve cette très vive animosité envers les parents, envers la mère en particulier. Elles sont victimes, et la participation familiale est un élément aggravant extrêmement fort. »

Un statut de réfugiées ?

Faut-il maintenant, peut-on maintenant aller plus loin ? La tendance s'affirme de donner des dommages et intérêts à l'enfant. « Cela aide à comprendre. Les gens savent maintenant, dit maître Weil-Curiel. Il faut arrêter avec l'image de la pauvre Africaine qui ne comprend plus rien. Elle n'est plus juste. »

Sans doute y a-t-il encore quelques excisions pratiquées en France. Les parents ayant appris à jongler avec les contrôles, elles sont faites sur les enfants juste après qu'elles ont échappé à la visite obligatoire de la Protection médicale infantile, soit après six ans. « Nous sommes très inquiètes pour les enfants qui ont entre sept et dix ans, explique Isabelle Gillette-Faye. Il y a en France trente-cinq mille enfants menacées par l'excision. » Pour éliminer le risque de procès, il est plus simple de faire exciser l'enfant dans son pays d'origine. D'où l'inquiétude des associations, qui se voient confrontées à des excisions difficilement contrôlables car fondées sur deux principes : abaisser l'âge de l'intervention, et le faire faire à l'étranger.

Symptomatique de ce danger est l'affaire Kankou, dont on a beaucoup parlé à l'automne 2005. Kankou Koïté, treize ans, vivait dans la clandestinité en France, victime d'un embrouillamini administratif et humain. En août 2002, Kankou, qui a alors dix ans, et sa mère quittent le Mali avec un visa de vacances pour rejoindre leur père et époux, employé dans une société de gardiennage et ancien combattant de la guerre d'Algérie. Ce dernier espère les faire régulariser au titre du regroupement familial, oubliant qu'il faut pour cela que la famille soit encore absente de France au moment de la demande. Le 15 mai 2003, il dépose son dossier. Le 23, il meurt soudainement. Il est enterré à Fleury-les-Aubrais.

Sa femme, devenue d'un coup irrégulière, multiplie alors de son côté les demandes : les refus se succèdent. Ne pouvant travailler, elle vend les meubles de son mari, et est relogée par la Croix-Rouge. Kankou va à l'école, où, au dire de ses professeurs, elle s'intègre sans problèmes. En février 2005, le dernier recours demandé par Mme Koïté est rejeté, car présenté hors délai. Le 31 juillet, son arrêté de reconduite à la frontière lui est signifié. Depuis un an, Kankou, scolarisée à Fleury-les-Aubrais, dans le Loiret, vit dans un hôtel social à Olivet, un hôtel qu'elle pourrait quitter pour retourner se faire mutiler au Mali si l'arrêté d'expulsion visant sa mère était appliqué.

Plusieurs associations se mobilisent autour de la mère et de sa fille, mobilisation qui devient nationale quand la certitude qu'elle sera excisée si elle revient au Mali devient évidente. Car elle reçoit en juillet 2005 une lettre sans ambiguïté de sa grand-mère, qui écrit : « Nous avons décidé ensemble, à Bamako, d'exciser nos filles. Donc, comme convenu, il faut nous envoyer Kankou. » Pourtant, malgré ce nouveau document, le tribunal administratif d'Orléans rejette le 20 août la demande d'annulation de l'arrêté. La situation devient kafkaïenne pour l'enfant : si elle reste en France, elle sera en situation irrégulière[1] ; si elle rentre, elle sera excisée, comme l'a été sa grande sœur, qui a failli en mourir. Et c'est ce que sa mère est bien décidée à faire : « Elle a perdu son papa, je ne veux pas qu'elle me perde en plus, dit-elle, elle-même excisée. Si je dois partir, elle viendra avec moi. Mais je connais ma famille, et je suis sûre de ne pas pouvoir lui éviter l'excision, comme je n'ai pas pu l'éviter à sa sœur. C'est d'ailleurs pour ça que j'ai quitté mon pays. J'ai tapé à toutes les portes. Maintenant, je suis derrière le bon Dieu. »

La préfecture d'Orléans ne fera rien, et c'est en novembre 2005 l'OFPRA qui autorisera Kankou et sa mère à rester en France. Ce n'est pas une première : l'excision a déjà été plusieurs fois reconnue comme susceptible d'empêcher une expulsion. « Il y a eu de grosses avancées, raconte Isabelle Gillette-Faye, présidente du GAMS. Avec des éléments tangibles, en particulier des certificats médicaux prouvant que la mère a été excisée et que la fille ne l'est pas, avec une analyse du risque dans le pays d'origine, on obtient des résultats. Mais la preuve est à la charge de la per-

---

[1]. Elle n'est pas obligée de suivre sa mère, seule directement concernée par l'arrêté d'expulsion.

sonne. » Ainsi en décembre 2001 la commission de recours de l'OFPRA acceptait la demande d'asile d'une Somalienne qui risquait l'infibulation et celle d'une Malienne qui risquait l'excision. En 2003 et 2004, c'est en première instance que ce droit fut accordé plusieurs fois, sur la production de preuves et d'une évaluation. Lors de son premier mandat comme ministre de l'Intérieur, une circulaire de Nicolas Sarkozy recommandait aux préfets, dans ces cas précis, de régulariser à titre humanitaire les personnes menacées par l'excision. Pourquoi l'affaire Kankou a-t-elle soudain fait problème ? Veut-on donner un signe clair que l'excision ne deviendra pas un prétexte facile à régularisation ? Ou est-ce le début d'un durcissement sensible à l'égard de l'immigration, dont d'autres signes se font jour ? Le débat est lancé. Certains pensent qu'il faut accorder systématiquement l'asile politique à celles qui sont menacées par l'excision.

Ce statut de réfugiée ne convainc pourtant pas Foldes : « Il est très difficile à mettre en place. Il ne me choque pas moralement, mais je le crois peu efficace. Mieux vaut, me semble-t-il, faire jouer les systèmes de protection des mineurs, et les barrages et contrôles de police aux frontières. »

6.

Pourquoi ?

Pourquoi ? Viviane Fanta, découvrant enfant dans la glace de la salle de bain qu'elle n'était pas comme les autres ; Kadidia Bassole, que son gynécologue trouve « bizarre » ; Fatoumata Bangre, traitée de « coupée » par son premier petit ami, toutes se sont demandé : « Pourquoi ? Pourquoi moi ? Pourquoi m'a-t-on fait cette chose ? » Aucune n'a vraiment trouvé la réponse. De ces affaires-là, on ne parle pas. Et quand on le fait, on dit tellement de choses... Le plus étonnant dans l'excision est sans doute cette efflorescence de raisons, plus ou moins rationnelles, qui s'épuisent à la justifier et qui varient selon les pays et les ethnies. Il n'est pas d'explication unique, même si beaucoup, au prix parfois de quelques variations minimes, se retrouvent d'une région à l'autre, et même si toutes éclosent dans des sociétés où le contrôle de la sexualité de la femme est une réalité quotidienne, où la fécondité reste sa tâche première et où son niveau d'éducation est assez faible. Au Mali, où l'analphabétisme atteint 75 %, beaucoup de gens ignorent encore les conséquences de l'excision sur la santé, attribuant les inconvénients qui en découlent aux esprits : on dit facilement d'une jeune fille mourant d'hémorragie qu'elle a été mangée par la sorcière. Au Togo, une étude montrait des pourcentages d'excisées de 41 % chez les illettrées, de 14 % dans les familles alphabétisées.

De ces raisons soutenant la pratique, florilège pas toujours convaincant, les principales sont :
– préserver la virginité ;
– réprimer la sexualité féminine ;
– maintenir la tradition ;
– maintenir la cohésion sociale (sans excision, pas de mariage) ;
– le passage initiatique ;
– l'esthétique ;
– l'explication mythique, et la théorie de la bisexualité originelle ;
– la religion.

Aucune n'est réellement fondée. La première invoquée, la plus globalisante, est la tradition : cela s'est toujours fait, donc cela doit continuer. Vieil immobilisme, qui justifie tout et élimine d'entrée toute réflexion novatrice. Un nombre grandissant d'intellectuels africains va contre ce culte de la tradition, s'appliquant à tenter de faire comprendre qu'il est de bonnes et de mauvaises coutumes et que l'excision fait partie des mauvaises, donc de celles qu'il faut éliminer. Mais elle continue d'être affirmée, sans toujours être explicitée plus avant. Sur place, dans les villages, près des chefs coutumiers, le tabou est encore souvent fort[1]. L'opprobre public est réel, et s'abat tout de suite sur ceux ou celles surtout qui tenteraient de rompre avec elle. « J'ai découvert en France tout le débat autour de l'excision, raconte Maria-

---

1. Voir chapitre 4.

Pourquoi ?

tou Coulibaly, une des jeunes femmes opérées par Pierre Foldes. Ici, j'en parle avec mes amies, et certaines ont décidé de ne pas faire exciser leurs filles. Mais quand je rentre au pays, ce n'est plus possible d'en discuter. Avec les anciens, ça n'est carrément pas envisageable. On se fait traiter de Blanc tout de suite, et il y a même au départ un vrai problème à leur faire admettre qu'il puisse y avoir un débat. » « Chaque fois qu'on rentre au pays, raconte une autre opérée, le sujet revient sur le tapis. Heureusement que mon mari est d'accord avec moi : on peut se battre à deux comme ça. La plupart de mes amies n'ont pas cette chance, et j'en ai vu plusieurs qui partaient convaincues qu'elles ne feraient pas exciser leurs filles et qui ont fini par céder à la pression. C'est impossible d'y résister à moins d'être vraiment exceptionnel. »

La nécessité d'arriver vierge au mariage est sans doute l'argument qui trouve le plus d'échos dans les sociétés occidentales. L'excision calmerait les ardeurs des jeunes filles. La vieille croyance, souvent appuyée sur des mythes anciens, que la femme a une sexualité débordante et qu'il faut pour l'homme, sous peine de s'y perdre, arriver à la juguler, est encore vivace. Seule l'excision permettrait de rétablir l'équilibre[1]. En Afrique de l'Est, la dot entre également en jeu : si la jeune fille n'est pas vierge, le mariage peut être rompu, les cadeaux doivent être rendus, et la jeune fille est souvent exclue de la famille, souvent poussée vers la prostitution.

De cette exigence au contrôle plus général de la sexualité féminine, il n'y a qu'un pas : réduire son rôle dévorant pour le mâle ne serait-il pas, bien que ce soit rarement aussi clairement avoué, la vraie raison de

---

1. Cf. *L'excision*, de Françoise Couchard, *op. cit.*

l'excision ? C'est dans cette interprétation que, de plus en plus, se retrouve Foldes, rejoignant ainsi des préoccupations féministes. « On peut y voir l'expression la plus violente de la domination du mâle. » Une psychiatre américaine, Mary Jane Sherfey[1], a défini dans *Nature et évolution de la sexualité féminine* la façon dont le patriarcat avait tenté de réduire une sexualité féminine débordante, cette « capacité orgastique immodérée » qu'il lui semble déceler à travers une foule d'études paléontologiques, comportementalistes et ethnologiques : « Les femmes, écrit-elle, ne sont pas bâties biologiquement pour un époux unique... Les hommes n'ont jamais admis une monogamie stricte. Les femmes y ont été contraintes. » A l'époque où la domestication des animaux et le développement de l'agriculture poussent à la sédentarisation et au regroupement, à l'époque où la famille s'étend et fixe ses lois de survie (héritage, mariage, naissance de la propriété privée), « la suppression violente des exigences sexuelles immodérées des femmes était la condition préalable à la naissance de la civilisation moderne ». Y a-t-il application plus radicale de ce besoin que l'excision et la mutilation ? Ces arguments peuvent d'ailleurs être intégrés par les victimes elles-mêmes, et c'est peut-être le pire. Dans *Les négresses parlent*[2] Awa Thiam cite une jeune Malienne de vingt-six ans : « J'ai été dans mon enfance excisée. Je parle en fonction de mon expérience personnelle. Aujourd'hui, je m'estime satisfaite de cette opération qu'on m'a fait subir : l'excision. En effet, si je soutiens un tel

---
1. Cité par Séverine Auffret, *op. cit.*
2. *Op. cit.*

Pourquoi ?

argument, c'est parce qu'elle a rempli sa fonction, à mon niveau. Voilà quatre ans que je suis divorcée et pas une seule fois je n'ai ressenti le désir de courir après un homme ou tout simplement l'absence de rapports sexuels comme un manque, un manque vital. Cela fait apparaître, dans une certaine mesure, la fonction de l'excision : elle permet à la femme d'être maîtresse de son corps. Voilà pourquoi je ne la perçois nullement comme une mutilation. »

Coudre le sexe, comme c'est le cas de l'infibulation, se prétend aussi une protection contre les risques de viol menaçant des jeunes filles amenées à garder seules les troupeaux et pouvant croiser des hommes errants. C'est l'un des arguments utilisés par Anne Retel-Laurentin[1] : « L'excision à l'origine visait à protéger les petites filles contre le viol dans des sociétés où régnait l'insécurité. » On pourrait aussi lutter contre les vols de sacs à main en tuant toutes les vieilles dames trop faibles pour se défendre... Dans le même article l'auteur, après avoir constaté que l'excision était « un phénomène pénible parmi d'autres », ajoute : « Les organes génitaux n'ont pas pour les Africains la spécificité anatomique que nous leur reconnaissons, et l'excision fait partie des cérémonies d'initiation qui habituent la jeune fille et le jeune homme à supporter de nombreuses souffrances ultérieures... Mais une deuxième cause de l'excision est sûrement l'anatomie complexe de la femme. Je pense que l'excision a été conçue comme une amélioration de l'anatomie féminine, qui peut paraître secrète et

---

1. *Maintenant* n° 66, 16 avril 1979, cité par Séverine Auffret, *op. cit.*

compliquée. La suppression des petites lèvres est une simplification anatomique qui, si l'on reprend les termes africains, élargit l'entrée du vagin. »

Cette étonnante affirmation amène à l'argument esthétique, le sexe féminin étant supposé être laid et devant donc être enjolivé par sa transformation en partie lisse et sans protubérance. Au Soudan et en Somalie, l'excision est censée rendre la peau plus douce et donner aux jeunes filles un teint de rose. La peur que suscitent les organes à détruire est inscrite dans le folklore. Dans *Forgerons et alchimistes*[1], Mircea Eliade cite une chanson des Bailas : « Kongwe (clitoris) m'horrifie et Malaba la noire (petites lèvres) m'horrifie. J'ai trouvé Kongwe en soufflant dans le feu, Kongwe m'horrifie. Passe loin de moi, passe loin, toi, avec qui nous avons eu des relations répétées, passe loin de moi. »

Les considérations d'hygiène rejoignent cet argument esthétique. Le sexe féminin, fait de replis et de profondeurs, est supposé receler toute la saleté du monde. L'excision résoudrait donc à la fois les problèmes microbiens, en limitant les replis où les malicieux peuvent se cacher, et les problèmes de mauvaises odeurs. Au Burkina-Faso, on prétend qu'elle élimine des vers, lesquels sont en fait les traces blanchâtres laissées par une hygiène effectivement défaillante. Dans *La cité magique*[2], Jacques Lantier cite un chant d'après l'excision chez les Zandés, importante ethnie de l'ancien cercle de l'Oubangui : « Notre vagin était visqueux et sale. Maintenant que tu nous as enlevé le

---

1. Mircea Eliade, *Forgerons et alchimistes*, Champs-Flammarion, 1977.
2. *Op. cit.*

Pourquoi ?

clitoris, notre vagin est propre et accueillant... Je vais pouvoir bien faire l'amour. Aussi je voudrais trouver un pénis gros comme la trompe de l'éléphant et garni de testicules aussi lourds que ceux du phacochère. La voie est libre désormais pour jouir tout mon content. Je ne veux plus songer qu'à faire l'amour. Il n'y a rien de mieux que de faire aller et venir un gros phallus dans son vagin... Je voudrais passer mon temps à jouir avec le phallus, maintenant que mon vagin est propre et accueillant[1]. » Une étude fut faite en décembre 2000 au Canada sur 432 Somaliennes excisées pour tenter d'évaluer les raisons qu'elles donnaient à leur mutilation : 91,4 % citaient le poids des croyances, 71,3 % la tradition, 55,8 % la virginité, 53,2 % le mariage, 51,8 % le fait de rendre la femme plus désirable, 14,6 % l'attention au plaisir chez la femme, 13,2 % l'augmentation du désir chez l'homme.

L'excision se verra également attribuer par endroits une vertu fertilisante. Mais le risque de stérilité est une arme souvent brandie pour écarter les femmes : ainsi, au Sénégal oriental, dans la zone Kédougou, elles n'ont pas le droit de s'approcher pour cette raison de la place publique réservée aux hommes. On stigmatise aussi le rôle dangereux du clitoris pendant l'accouchement, le fait que le nouveau-né le touche avec sa tête en sortant risquant de le tuer. C'est, bien évidemment, faire fi de toutes les complications qu'entraîne au contraire l'excision lors des accouchements : dureté de la cicatrice, sortie difficile, hémorragies plus fréquentes, déchirure du périnée...

Le mythe de l'androgynie originelle soutient beau-

---
1. Les deux chants sont cités par Séverine Auffret, *op. cit.*

Victoire sur l'excision

coup de ces arguments traditionnels. Chez les Dogons du Mali[1], le récit des origines veut que la règle soit la gémellité, c'est-à-dire que ne naissent que des jumeaux de sexe opposé. La perturbation de cette règle par des désordres a amené des naissances uniques. La trace de ces désordres s'est réfugiée dans les organes génitaux, désordre que Dieu s'est révélé impuissant à résorber. C'est la raison de la présence du prépuce chez l'homme et de celle du clitoris chez la femme. Il faut débarrasser l'individu de ces restes pour qu'il puisse assumer pleinement sa sexualité, féminine ou masculine. Dans le même mythe, Amma, dieu créateur, après avoir terminé son œuvre, veut s'accoupler avec sa femme, la terre. Mais il ne peut y arriver à cause d'une termitière, qu'il doit abattre. Cette termitière, c'est le clitoris, qu'il faut couper pour empêcher, là encore, que la femme ne détruise l'homme par son ardeur sexuelle. De l'union de Amma et de la terre est né un chacal qui, un jour, reviendra violer sa mère, causant ainsi l'apparition du sang menstruel et la transformation de la terre en matière impure, incompatible avec le règne de Dieu[2].

L'excision est donc aussi un rite de passage, un rite initiatique nécessaire à l'intégration et à la formation des jeunes. Chez les animistes, elle marque l'entrée de la jeune femme dans la communauté. Chez les Bambaras, c'est une opération purificatrice. Du moins elle le fut. Qu'en est-il encore aujourd'hui ? L'acculturation africaine provoque l'abandon des rites initiatiques et l'abaissement de l'âge de l'excision, très sensible dans

---

1. Cf. Geneviève Calame-Griaule, « L'exciseuse est-elle une criminelle ? », *Le Monde*, 12 février 1999.
2. Marcel Griaule, *Dieu d'eau*, Fayard, 1966.

Pourquoi ?

les pays d'immigration et dans ceux où la loi interdit désormais les mutilations, réduit l'argument à néant : quelle valeur initiatique a l'opération exécutée sur un bébé ? En Somalie, les enfants sont excisées autour de l'âge de sept ans. Avant, ils n'ont pas de sexe spécifique, vision qui rejoint celle des Dogons.

L'imposture la plus flagrante vient sans doute de l'argument religieux. L'excision a toujours existé avant la religion. Aucune (ni l'islam, ni le christianisme, ni le judaïsme) ne l'a inventée, mais toutes l'ont par endroits et par périodes absorbée et, dans l'imagerie populaire du moins, légitimée. Dans les régions concernées, toutes les confessions pratiquent la mutilation : les coptes en Egypte, les juifs falashas en Ethiopie, les catholiques, les protestants et les animistes en Afrique noire. Mais aucune ne l'a sacralisée ni n'en parle directement dans les conseils donnés sur la vie quotidienne. Ni l'Ancien ni le Nouveau Testament ne se prononce. Et le code de l'Eglise copte orthodoxe mentionne : « La loi chrétienne désapprouve la circoncision féminine et n'admet aucune atteinte à la nature du corps de la femme. »

L'islam est le plus couramment cité quand il faut en venir aux justifications. Françoise Couchard[1] souligne à juste titre que l'excision est une pratique de nombreux musulmans, mais nullement une pratique prescrite par l'islam. Combien pourtant, y compris des religieux, affirment que le Coran l'exige ? Cette légende repose sur deux hadiths, c'est-à-dire des paroles du Prophète qui n'ont pas valeur de loi, d'autant plus que l'authenticité de ces deux extraits-là est sou-

---

1. In *L'excision, op. cit.*

Victoire sur l'excision

vent contestée. Dans le premier, Mahomet aurait reconnu que l'excision était le « mérite des filles ». Dans le second, en voyant opérer une exciseuse, Um Attiya, il lui aurait dit : « Lorsque tu effectues une excision, garde-toi bien de tout enlever. La femme demeurera épanouie et le mari profitera de son plaisir », ce qui peut plus facilement être interprété comme l'acceptation de la chose et la recommandation de la modération que comme l'affirmation d'une obligation. Les filles du Prophète n'étaient d'ailleurs elles-mêmes pas excisées. La Charia, sans non plus ordonner l'excision, en reconnaît la valeur comme étant une marque d'honneur pour les femmes. Un grand nombre de personnalités musulmanes de haut rang se sont prononcées en faveur d'une interprétation très libérale des textes. Ainsi, en Egypte, le cheikh Tantawi, grand imam d'Al-Azhar, a révélé que sa propre fille n'était pas excisée[1]. Ce qui ne veut pas dire qu'il condamne l'excision, mais qu'il estime que rien dans les textes n'y oblige. Ces positions, même affirmées par les plus grandes instances islamiques, ne sont pourtant pas partout admises. Le cheikh Youssef el-Qaradawi, l'un des plus importants dignitaires religieux sunnites, se prononce pour une excision partielle. Au Sénégal, le 14 janvier 1999, Tierno Mountaga Tall, chef de la famille omarienne, a donné une légitimité religieuse à l'excision. Peu avant, à la Maison de la culture Douta-Seck de Dakar, le président de l'Union culturelle musulmane, Mourchid Ahmet Iyane Thiam, reconnaissait que l'excision était une pratique antérieure à l'islam, mais que le Pro-

---

[1]. Sur le débat religieux en Egypte, voir chapitre 9.

phète y était favorable. Du hadith où il dit à une femme de le faire sans exagérer, il déduit que le Prophète se prononce sur (et pour) l'excision, pratique qui aide à lutter contre l'adultère et certaines pratiques sexuelles[1]. « Je doute de toute façon que la démonstration de l'absence de prescription coranique réduise forcément le taux d'excision, l'argument religieux étant vite remplacé par ces corollaires faciles que sont la virginité des filles et la chasteté des épouses », conclut avec pessimisme Isabelle Gillette-Faye.

C'est à tous ces arguments que se heurte le combat de Pierre Foldes et, avec lui, de tous ceux qui luttent contre l'excision, en France aussi bien qu'en Afrique. Beaucoup sont absurdes, la plupart sont éculés et ce livre, bien évidemment, a pour objet d'être une petite pierre dans le mur qui s'élèvera bientôt, souhaitons-le, entre ces pratiques obsolètes et celles qui en sont les victimes. Cela ne veut pas dire pour autant que tout soit aussi simple et clair, et que tous ceux qui croient encore aux vertus de l'excision soient forcément des imbéciles ou des crapules. Le débat qui se profile derrière les mutilations génitales est aussi celui du choc des cultures, opposant deux systèmes de valeurs, devant amener à choisir entre l'universalisme des droits de l'homme et le respect des particularismes des cultures régionales. Vaste question, dont l'excision focalise pourtant un grand nombre des pièges et des ambiguïtés. Et dans laquelle la supériorité et l'arrogance occidentales sont souvent mal vécues, même par ceux qui en partagent les choix.

---

1. Cité dans *Présence africaine*, n° 160 2ᵉ semestre 1999.

Victoire sur l'excision

Camara Karamojong, secrétaire général de l'Association des Maliens de Montreuil, déclarait lors la présentation dans sa ville du film de Sembene *Moolade*[1] : « Il faut voir la manière dont, régulièrement, les médias ou les hommes politiques s'emparent de ce débat pour insulter, pour piétiner littéralement la culture et la civilisation de millions de personnes. » Piège ? Sans doute, et piège dans lequel beaucoup d'Africains pensent qu'est tombée l'indignation occidentale. Le Soudanais Rogaia Mustafa Abusharaf se livre, dans *Female circumcision in Africa*[2], à une critique assez dure du rapport Hosken, fondateur en Occident, qu'il trouve au bout du compte « ethnocentriste » et « réducteur ». Le débat qui eut lieu en Allemagne laissa cette impression pénible aux Africains vivant sur place. Là-bas, certaines statistiques estiment à vingt mille les petites filles courant le danger d'être excisées. Deux ONG, Amnesty for Women et Terre des femmes, ont dénoncé dès 1981 l'excision. Mais c'est en 1995, après la conférence de Pékin, qu'un article publié dans un magazine pour adolescentes, *Bravo*, a mis le feu aux poudres. Une jeune fille de dix-sept ans y racontait son excision. La réaction fut très forte. La télévision s'empara de l'affaire. Une autre ONG, Intact, partit en croisade contre l'excision. Pierrette Herzberger-Fofana, sociologue, jugea que son intervention laissait une « impression de voyeurisme à relent raciste... Durant une semaine, les

---

1. Film sénégalais de Ousmane Sembene dénonçant l'excision et sorti en mai 2005.
2. *Female circumcision in Africa : culture, controversy and change*, ouvrage collectif coordonné par Bettina Shell-Duncan et Ylva Hernlund, Boulder, 2000.

Pourquoi ?

médias et même certaines émissions plutôt sérieuses se sont permis de montrer des images plutôt osées et qui n'ont eu pour effet que de corroborer auprès des téléspectateurs une certaine image de l'Afrique... Les mouvements féminins africains ne peuvent pas s'identifier à des images chocs qui envahissent la presse allemande... Ici, mutilation se confond avec racisme et sexisme[1] ». Pierrette Herzberger-Fofana va plus loin quand elle évoque l'hypothèse qu'on demande aux gynécologues de signaler leurs patientes excisées : « Certains citoyens se plaisent à dénoncer leurs voisins. Bien que la délation publique ait joué un rôle négatif dans le passé de ce pays et engendré beaucoup de souffrances, on est surpris qu'un peu plus de cinquante ans après le conflit mondial des voix préconisent une chasse aux sorcières. »

Le danger est grand de piétiner ces cultures, comme l'a fait Annie de Villeneuve[2], dévalorisant par ses excès le combat qu'elle souhaitait soutenir. Aussi faut-il écouter quelques-uns de ceux qui restent convaincus des bienfaits de l'excision, quitte à ne pas être convaincus par ce qu'ils disent.

Ainsi, Wangari Maathai, première Africaine et écologiste à être récompensée par le prix Nobel de la paix en 2004, ministre adjoint de l'Environnement du Kenya, a-t-elle eu sur l'excision des phrases pour le moins dénuées d'ambiguïté. Quand les Mungikis, au Kenya, lancent une campagne pour exciser les femmes kikuyus en utilisant la force si besoin était, elle ne désapprouve pas, loin de là. L'argument des exciseurs

---
1. Cité dans *Présence africaine, op. cit.*
2. Voir plus haut, chapitre 3.

est que cette pratique traditionnelle leur a été interdite par les colons. Et Maathai déclare : « L'excision est au cœur de l'identité des Kikuyus. Toutes nos valeurs sont bâties autour de cette pratique [1]. » On a déjà cité les déclarations de Jomo Kenyatta, chef d'Etat kenyan. Yambo Ouloguem, dans *Le devoir de violence*[2], écrit : « L'ablation du clitoris et la terreur du châtiment de tout adultère ont apaisé fortement le tempérament de nos négresses, assagies du coup. » Au Kenya, en 1997, une femme se présenta aux élections présidentielles. Elle avait eu la chance de ne pas être opérée. Son adversaire, Charity Kaluki Ngilu, vit tout de suite la faille : « Comment, s'exclama-t-il, peut-on penser à élire à la tête de l'Etat une femme qui n'a même pas été excisée ? » Plus drôle est cette anecdote : quand un chef d'Etat guinéen a voulu s'en prendre à l'excision, sa mère lui a dit qu'être sorti du ventre d'une femme excisée ne l'avait pas empêché de devenir chef, donc que son combat n'avait aucun sens.

Parmi ceux qui ont défendu l'excision, l'ethnopsychiatre Tobie Nathan, par ailleurs écrivain de polars à succès (du moins le premier, *Saraka Bo*[3]), a beaucoup fait parler de lui. D'après lui, l'excision prenait place dans un rituel plus vaste, concernant la naissance des êtres humains. Ils naissent imparfaits, et l'éducation comme certains rites permettent de retrouver un peu cette perfection perdue. L'excision, comme la circoncision chez les juifs, est un de ces rites, et il est nécessaire à l'équilibre des jeunes filles ayant été élevées dans les milieux où on la pratique. Sinon, elles ris-

---

1. Cité par *Le Monde*, 11 octobre 2004.
2. Cité par Benoîte Groult, *op. cit.*
3. Tobie Nathan, *Saraka Bo*, Rivages, 1993.

quent de se chercher des initiations de remplacement, dont la drogue ou la dérive sexuelle. « L'excision, disait-il à un journaliste d'*Afrique mag*, est un mécanisme de prévention mentale, un bénéfice social extraordinaire. » Il estime aussi que les problèmes sexuels sont, en Afrique comme en France, à 95 % d'ordre psychique, et considère que la critique occidentale sur l'excision est infondée : « Seule la population concernée, et toute la population concernée, peut modifier sans dommages une pratique millénaire. Le droit français devrait admettre plusieurs lois sur son territoire. Contraindre quelqu'un à abandonner son système culturel est toujours une erreur. »

Ajoutons au dossier – en laissant au lecteur le soin de juger de sa pertinence – cette lettre de la Ligue européenne pour la valorisation de la circoncision féminine diffusée aux professionnels de la santé : le texte parle du « grand intérêt sanitaire » de l'excision, et la pratique y est dépeinte comme « injustement entachée de préjugés culturels ». C'est une « petite opération dépourvue de risques, indolore et sans effusion de sang », qui consiste à enlever le « prépuce du clitoris » et les peaux abusivement désignées comme « petites lèvres ». Elle lutte efficacement contre « la syphilis, le sida, le cancer, les maladies mentales, les troubles de la vision... » : « En stoppant la prolifération des bactéries et donc tout risque d'infection, l'excision de la vulve prévient chez la femme tout risque de stérilité d'origine infectieuse. En effet, à l'état naturel, la vulve étouffe le clitoris, empêchant de ce fait une bonne circulation sanguine. En maintenant dégagé le périnée, l'excision de la vulve permet au clitoris d'être continuellement mieux irrigué, décuplant ainsi le plaisir sexuel de la femme. » Cerise sur le gâteau : l'excision « empêche la survenue du cancer du pénis chez l'homme ». Enfin, « l'excision néonatale du clitoris permet à la fille de concentrer son affectivité sur le vagin et de réussir ainsi sa sexualité de couple ; les filles non excisées souffrent d'une affectivité contradictoire qui les rend capricieuses, indécises, hésitant entre la satisfaction clitoridienne et vaginale pour le grand malheur des couples et de la vie sociale ». Le document se termine par un appel : « Au nom de Dieu, pour leur beauté, pour leur bien-être, pour leur santé, circoncisez les filles, circoncisez les femmes. »

Pour conclure sur une note plus humoristique, citons encore Séverine Auffret, qui s'en prend joliment à la tolérance culturelle dans un portrait où passe l'ombre de La Bruyère : « La réaction intellectuelle ethnotolérante est certainement plus efficace parce que le surplus d'énergie cérébrale qu'elle demande contribue pour une large part à décharger le corps de ses angoisses. Au mépris de quelques contradictions : l'intellectuel ethnotolérant ne dénonce-t-il pas les prisons, la torture, la bombe atomique, l'abandon ? Les considère-t-il comme des coutumes inattaquables parce que "différentes" ? Oui, mais ce sont les "siennes". Il a le droit d'attaquer les siennes, pas celles des autres. Prudent, discret, il se retire quand l'autre est en cause. Il ne juge pas ; il sait. Différence. Il a dépassé depuis longtemps l'humanisme universaliste. Il a reconnu l'autonomie des structures, l'altérité dispersée "des" humanités. »

7.

« Bonjour, docteur »

Il regarde sa montre. « Je ne sais pas si elle viendra. » La journée a été longue. Sur son agenda s'inscrit un dernier rendez-vous, une certaine Mme Traoré, qu'il n'a encore jamais vue. Il hait les retards, les évite autant que faire se peut pour lui-même et les subit avec une bonne humeur variable quand il s'agit de ses patientes. Et Dieu sait qu'elles les accumulent, multipliant les problèmes d'organisation : rarement à l'heure, souvent absentes à la consultation d'anesthésie. Il essaie de leur expliquer le problème, elles promettent de s'amender et n'en ont cure. Ce n'est pas grave mais c'est compliqué. Surtout rajouté à une journée normale de chirurgien...

Mais après une demi-heure d'attente, la secrétaire de la clinique Louis XIV passe une tête par la porte pour annoncer l'arrivée de Mme Traoré. C'est la première fois qu'elle vient. Elle paraît dépassée dans le bureau très fonctionnel de Foldes, et s'assoit vite au bord du fauteuil, vêtue d'un jean délavé et d'un large T-shirt rouge. Pas d'excuses, pas de regrets. Elle approche la trentaine, est encore jolie malgré les cernes qui plombent un regard noir et fuyant. De longues tresses châtains entourent son visage.

« Bonjour, docteur. »

Le silence s'installe. Elle ne sait plus trop quoi dire, hésite, tourne autour du pot. « Voilà. Je viens vous voir parce que... J'ai vu à la télé... »

Dans son fauteuil, il attend, refusant de l'aider, de dire à sa place les mots qu'il veut qu'elle dise. On sent qu'elle voudrait parler, mais peine à le faire.

« Et puis après j'ai lu un article dans les journaux, dit-elle.

– Oui. »

Il opine, tout sourire, mais attend toujours qu'elle se lance. Le jeu pourrait presque paraître cruel. C'est la méthode Foldes, accouchement obligatoire, maïeutique forcée...

« Il y a une gêne énorme des femmes qui viennent me parler, plus même que de la gêne. Quand elles arrivent, je veux leur faire dire pourquoi elles sont là, même si c'est clair à leurs yeux comme aux miens. C'est très difficile de dire : "Je suis excisée et je viens là pour ça." Arriver à le faire correspond à un premier déblocage. Elles ont subi une extrême violence et doivent en parler, surmonter divers tabous : la honte, le fait de considérer comme mal ce qu'on leur a toujours dit être bien, aller au-delà du regard des autres... Accoucher le mot est leur première vraie douleur. Je ne peux pas le faire à leur place. Après, il y a libération et on peut en parler. Pas avant. La consultation est le moment clé, celui qui fait la rupture entre le monde antérieur, celui du non-dit, et le monde où l'excision est considérée comme un fait pathologique réparable. C'est par elle qu'elle quitte le champ de la douleur intime pour entrer dans celui de la médecine. Je compare souvent cela à l'achat d'une maison : il y a le

« *Bonjour, docteur* »

temps de la réflexion et l'instant de la signature. Ce n'est pas entrer dans le bloc opératoire qui fait acte, c'est ce moment-là, le moment où elles prononcent le mot "excision". »

Ce mot-là, ça y est, Aminata Traoré vient de le prononcer. « En fait, je viens vous voir parce que j'ai été excisée petite. »

Il flotte dans la pièce, omniprésent. Pierre sourit gentiment, dans son fauteuil. Le premier pas est franchi. Aminata ne sait plus trop quoi dire. Les patientes racontent rarement l'excision elle-même, même après avoir finalement clarifié la raison de leur venue. En est-il besoin, d'ailleurs ? Ils savent l'un comme l'autre ce qui se cache derrière. Lui s'appuie dans son fauteuil, les mains posées sur la table, attentif. Il pose maintenant des questions générales, qui évitent de nommer. Le dialogue se crée, après ce premier moment douloureux mais qu'il sait nécessaire.

« Avez-vous eu des enfants ? Etes-vous souvent malade ? Avez-vous eu des allergies ? »

Il redevient médecin. La pression retombe. Ils parlent d'autre chose. Puis, discrètement, il y revient. « Je ne parle pas directement de l'excision : cela ne change rien pour ma pratique. La plupart, quand elles en parlent, la décrivent comme honteuse. Cela s'est fait presque en cachette, en tout cas pour elles : une tante les a emmenées pour jouer, leur mère leur a annoncé une visite, on ne leur a rien dit... L'excision est rarement l'expression d'un consensus. On leur a fait quelque chose qu'on n'aurait pas dû leur faire, et elles en ont souvent eu une conscience, même diffuse. Ça ne va pas changer mon geste, mais c'est important de dire ça. »

Victoire sur l'excision

Une blessure muette

Mille femmes opérées, de plus en plus de demandes depuis que sa découverte a été médiatisée... Qui sont les patientes du docteur Foldes ? En France, essentiellement des jeunes femmes originaires d'Afrique noire, des immigrées de la fameuse « deuxième génération », souvent nées et presque toujours élevées sur le territoire français. Elles ont entre vingt et trente ans, ont eu le courage ou la possibilité de se détacher du poids de la tradition. Beaucoup (infirmières, aides-soignantes) se sont déjà familiarisées avec le médical. Elles traînent toutes avec elles le souvenir de leur douleur et le sentiment de leur amputation, amputation dont la société dans laquelle elles ont grandi ne reconnaît pas la légitimité. Autant de filles, autant de visions ? Bien sûr. On ne saurait réduire les réactions à l'excision à une seule, quel que soit le désir parfois simplificateur de ceux qui luttent contre elle. De même que le rapport à la sexualité, le rapport à la mutilation est profondément personnel. Liens avec la tradition, sentiment d'appartenance, intégration à une communauté, initiation se heurtent au rejet, à la douleur, au sentiment d'être diminuée, à la quête infructueuse du plaisir. Chacune des excisées a son parcours propre sur la route qui mène de l'acceptation, voire de la revendication, à la révolte et à la réparation. Il est pourtant parmi les patientes de Pierre Foldes des cheminements communs.

Leur excision, elles la gardent toutes en elles

« *Bonjour, docteur* »

comme une blessure. Une blessure muette, dont elles n'ont généralement pu parler à personne. Awa Koita et Maiga Gbadamassi[1] ont été mutilées en France, en région parisienne. Awa l'a été chez sa tante. Elle avait deux ans, et n'en garde aucun souvenir. C'est sa grande sœur qui lui a rappelé la date. Maiga était à peine plus grande et ne se souvient que de quelques flashes de la scène, qui s'est déroulée dans la chambre de ses parents : les volets fermés, la présence de sa mère, ainsi que celle de sa petite sœur et de deux femmes en noir. Rien n'avait été dit aux fillettes. Elle entend encore les cris de sa sœur : « Elle est passée avant moi : elle a subi sans bouger. Quand ç'a été mon tour, je me suis au contraire beaucoup débattue. On m'a posée par terre. J'ai encore la sensation du sang épais qui coulait sous moi, mais j'ai oublié la douleur. Dans les jours qui ont suivi, ma mère m'a mis des couches, ce qui n'était plus de mon âge. Elle me portait sur son dos. Et elle m'a dit : "Il ne faut le dire à personne." J'ai retenu cette phrase toute ma vie. » Félicité Bangre a connu la morsure du couteau au Mali, avant de venir en France, mais ne s'en souvient pas. Falila Ezembe, en revanche, a été excisée au Sénégal, à l'âge de treize ans : « Je me rappelle une douleur d'une extrême intensité. Physiquement, je n'ai jamais rien subi de pire. On m'avait dit que j'allais être excisée, en même temps que ma petite sœur de quatre ans. J'imaginais une sorte de rituel, quelque chose de

---

1. Toutes les personnes qui ont témoigné pour ce chapitre et le suivant sont des patientes de Pierre Foldes. Elles ont toutes souhaité que leur nom soit changé, la plupart parce que leur famille n'est pas au courant de leur « réparation », effectuée en cachette.

joyeux. J'ai commencé à avoir peur quand j'ai vu mon père décomposé. »

A leurs questions n'a été opposé que le silence. « On ne parle pas de ces choses-là chez nous, raconte Falila. Quand j'ai eu mes règles, cela a été pareil. On ne m'a rien dit, et je me suis fait gronder parce que j'avais caché ma culotte sale. »

Elles devront découvrir par elles-mêmes ce qui leur manque. S'en doutant, Awa, qui a été élevée et a passé sa jeunesse en Basse-Normandie, dans un village où sa famille était la seule famille noire du lieu, interroge le médecin de famille : « Pourquoi me demandez-vous ça ? » s'enquiert-il, presque choqué, sans lui répondre. Elle n'est même pas sûre aujourd'hui qu'il se soit rendu compte de son état. Sa sœur aînée n'avait guère plus de réponses. « Comment savoir ce qui nous manquait ? On ne savait pas comment notre corps était fait. » Le sentiment de ne pas être normale se double de tout le poids de l'incompréhension.

Comment découvre-t-on son corps quand il est mutilé ? Par soi-même ? Mais les premiers gestes timides des adolescentes se portent vers une zone parfois douloureuse et sur laquelle il n'y a plus rien... Par les autres ? Mais quels autres ? Les gynécologues ont, d'après leurs témoignages, rempli ce rôle de façon bien peu satisfaisante, on l'a vu. « Tiens, vous êtes excisée », constate placidement celui de Awa, qui apprend ainsi à quinze ans ce qui lui est arrivé. Celui de Félicité Bangre l'examine et lui dit : « Mais vous êtes bizarre. » Les copines de Fatou, la voyant nue sous la douche après un cours de gym, lui disent quand elle a seize ans : « Tu n'es pas normale, toi. » Inquiète, elle consulte d'un regard curieux cette encyclopédie ana-

« *Bonjour, docteur* »

tomique vivante que sont les films pornographiques. Pour y constater, effectivement, richesse des gros plans aidant, qu'il lui manque quelque chose.

Viviane Fanta a mis longtemps à pouvoir rire de la façon dont elle a découvert son état. C'était en cours de biologie en troisième, le fameux cours d'éducation sexuelle, désigné souvent comme « incitation à la pornographie » par ceux qui ne répugnent nullement à exciser... Le professeur dessine l'appareil génital féminin et, naïvement, Viviane s'exclame : « Mais je n'ai pas ça, moi... » Eclat de rire de la classe, éclat de rire qu'elle s'explique mal. Le soir, elle raconte l'anecdote à sa mère. Et elle apprend.

Car, un jour ou l'autre, elles apprennent forcément. Sans pour autant que leur entourage ensuite les éclaire. Maiga, après avoir potassé journaux et encyclopédies, s'est longtemps examinée avec un miroir pour essayer de repérer ce qui lui manquait. Puis, un jour, elle prend son courage à deux mains (« Et il m'en a fallu », avoue-t-elle) et demande à sa mère : « Mais pourquoi vous excisez ? » Réponse : « On fait ça à tout le monde, aux filles et aux garçons. » Quand Awa pose la même question, on lui assène : « C'est fait, c'est fait. » Point final.

Leur révolte en découvrant ce qu'on leur a fait s'éclaire rétrospectivement du sentiment d'avoir eu conscience clairement que quelque chose n'allait pas. Leur adolescence en sera marquée. Sans doute est-ce méconnaître la complexité de cette période que de faire porter tout le poids de leurs problèmes à cette seule raison. Mais on ne peut pas non plus considérer qu'elle n'est qu'anecdotique. Fatoumata naît à Bamako, au Mali, y est excisée bébé, alors qu'elle n'a encore que neuf jours, puis arrive en France à douze ans, à Lyon, chez une tante. L'adolescente est difficile : « Je refusais instinctivement toute autorité, surtout si elle venait de quelqu'un de ma famille. » La tante veut la renvoyer, et elle part pour Créteil, où elle vit avec un oncle. Les deux premières années, cela se passe bien. Puis, à nouveau, elle rue dans les brancards. L'excision comme moteur de cette adolescence difficile ? Pas elle seule mais elle surtout, cette belle quadragénaire au regard brun profond en est convaincue : « Je suis sûre que j'en avais inconsciemment le souvenir, et que j'ai rejeté tout ce qui était ma culture personnelle à cause de cela. »

Maiga n'a jamais pu séparer ses sentiments pour sa mère de cet après-midi de douleur : « Ces grosses bonnes femmes horribles qui m'attendaient ce jour-là pour me faire si mal, je les hais. » Elle répète le mot, consciente de sa force, qu'elle assume pleinement : « Je ne sais plus si j'aime ma mère ou non. Je ne la supporte pas physiquement. Ça m'étouffe quand je suis dans la même pièce qu'elle. Quand je lui touche la main, je m'essuie. Je sais que c'est à cause de ça. » A vingt-huit ans, elle vit pourtant toujours chez elle, après avoir réussi un DEUG de langues étrangères. « Cette réussite a été capitale. Elle m'a prouvé que j'étais capable de faire quelque chose par moi-même. Elle a effacé un peu de ma honte. » Elle n'a jamais abordé le sujet avec sa mère. Mais jamais non plus elle n'aurait pensé à porter plainte ou à témoigner dans un procès : « C'est trop tard de toute façon. Par contre, si j'entends parler dans mon entourage de quelque chose qui va se passer, je ne laisserai pas faire. »

« Bonjour, docteur »

Réaction extrême ? Sans doute. Beaucoup, même pleines de rancœur contre le système dont elles furent victimes, exonèrent leurs parents. Awa avoue : « Jamais je n'ai pu en vouloir à ma mère. Elle l'a fait sans réfléchir. En France, la génération de mes parents se sentait complètement déracinée, surtout les femmes, qui parlaient à peine la langue et vivaient entre elles presque cloîtrées. Appliquer les traditions, c'était une façon de rester soi-même. » L'idée de porter plainte contre eux, ou de témoigner dans un procès, lui déplaît beaucoup : « Je serais incapable de le faire, de mettre mes parents en cause. » Mais Falila, qui aujourd'hui reconnaît que « ma mère ne le faisait pas pour faire du mal », se souvient de s'être dit, après son opération, « alors que je me suis sentie pendant plusieurs jours comme vidée de mon sang, que jamais je ne lui pardonnerais ». Pendant longtemps, ce serment de petite fille pèsera sur leurs liens.

Ce pardon ne s'étend pas à une culture de laquelle leur blessure les a déconnectées. « Nos parents nous obligent à des choix définitifs, accuse Awa. C'est tout noir ou tout blanc. Soit tu suis et respectes toutes les traditions, soit tu nous oublies. Alors il nous faut choisir. » Plus dure encore, Fatoumata affirme : « Je ne suis jamais sortie avec un Africain, et je ne le ferai jamais. Ou alors il faudra qu'il s'accroche. » « Toute ma vie a été un rejet de ce qui est tradition », ajoute Falila. Maiga envisage très sérieusement de ne plus jamais remettre les pieds en Afrique. « Au Mali, on reproche à ceux qui sont contre l'excision de véhiculer des valeurs de Blancs et de vouloir les imposer à l'Afrique. Mais c'est vrai. Et c'est bien, s'insurge Pierrette, une Malienne de trente-cinq ans. Je ne peux plus adhérer aux valeurs d'un pays qui m'a fait ça, et continue de le faire à des tas de petites filles. Je ne gommerai pas la couleur de ma peau, et je ne le veux pas. Mais je ne peux plus me sentir africaine. Et je ne retournerai pas chez moi tant que cette horreur continuera. » Et Falila se félicite que Foldes ait été blanc : « Je n'aurais pas fait cette opération si le chirurgien avait été africain. Je lui aurais dit : "Vous, les Africains, vous me l'avez fait, vous ne me toucherez plus." »

La première fois

« Quand j'ai compris, je me suis sentie furieuse, flouée, trahie. Les garçons m'intéressaient déjà, d'autant que je savais que ça ferait râler mes parents. J'étais juste sortie avec plusieurs. J'ai voulu coucher avec, comme mes copines commençaient à le faire. Pendant des années, j'ai fait semblant d'aimer ça », raconte Fatoumata.

L'approche de la sexualité est une vraie angoisse. « Tout le monde parle de sexe autour de nous : la télé, les magazines... Quand nos copines sautent le pas et nous racontent leurs orgasmes, même si elles en rajoutent, on sait qu'on ne connaîtra jamais ça. Alors on écoute, en ayant à la fois très peur et très envie d'essayer. » Attitude d'autant plus perturbante que cet « envahissement » sexuel extérieur est totalement banni de l'environnement familial, où on continue à ne parler de rien.

Alors certaines se réfugient dans le refus. Falila s'est

préparée à la sexualité comme à un examen, se renseignant auprès de ses cousines, dont le conseil a été très pragmatique : « Fais semblant que cela te plaise, et ne les laisse pas te lécher. Comme ça, ils ne se rendront compte de rien. » A dix-sept ans, elle a son premier petit ami. Il n'est pas question de « coucher » tout de suite : « Je voulais me donner à quelqu'un que j'aimais, dit-elle encore avec un sourire charmant. Ils m'avaient enlevé "ça", mais ma virginité était à moi. » Le jour où elle fait l'amour pour la première fois, c'est la peur au ventre. Félicité Bangre aussi a longtemps attendu : « J'ai eu des rapports tardifs à cause de mon excision. J'étais allée voir mon gynécologue pour lui demander comment on faisait pour sortir avec un garçon en évitant de coucher. » Fatoumata, avant de se décider à céder, a fait patienter jusqu'à la rupture deux malheureux qui ne comprenaient pas pourquoi, d'un coup, il leur fallait arrêter les jeux commencés : « Je ne leur ai jamais expliqué, les pauvres. Il y en a un avec qui ça a duré six mois. Je me retirais toujours au dernier moment. Je crois qu'il s'est mis à vraiment douter de lui. "Mais qu'est-ce que j'ai ?" me disait-il. Et je n'ai jamais pu lui dire : "Ce n'est pas toi, c'est moi." »

Le jour de sa « première fois », Fatou espérait surtout qu'il ne le remarquerait pas. « Il », c'était un garçon de sa cité, un Camerounais de dix-neuf ans qui était dans la classe au-dessus de la sienne. Il l'a emmenée chez elle. Un peu inquiète, elle s'est déshabillée, tentant de se protéger de la lumière qui filtrait par la fenêtre, dissimulant l'endroit de sa honte. Mais il a vu. Et il le lui a tout de suite reproché : « Ah, tu es coupée. » Déçu. Soudain plus froid. Les « coupées », dans ces cités « mixtes » où cohabitent Africaines d'Afrique noire et Antillaises, Africaines de pays exciseurs et Africaines de pays non exciseurs, n'ont pas bonne presse. Les garçons se le disent. A Aulnay-sous-Bois, où la communauté noire est importante, il ne faut pas longtemps pour leur faire confesser leur sentiment... « Les coupées, c'est pas des bons coups. Elles bougent pas, elles font rien. »

Les fiascos sont nombreux : quand ils ne sont pas douloureux, les rapports sont neutres. Parfois pourtant, la sensation est là : « J'avais une jouissance vaginale très forte. Je faisais juste attention à ce qu'il ne puisse pas se rendre compte de ce qui me manquait », avoue Falila, qui tombe amoureuse pour la première fois, et la bonne. Elle épouse Jean-Pierre, mais continue de lui cacher son excision : « S'il l'avait découverte, je ne crois pas qu'il aurait eu les mots qu'il fallait. Et je n'aurais pas supporté de me heurter à son incompréhension. » Elle maintient ce délicat équilibre pendant deux ans, jusqu'à ce qu'elle rencontre un autre homme. C'est le coup de foudre. Ils deviennent amants. Mais la peur reste la même. « Lui aussi a essayé des caresses buccales : j'ai toujours refusé. » L'homme ne comprend pas. « Pourtant j'aime le sexe. Le sexe, c'est la vie. Et je m'y donne vraiment. Mais ça, qu'il s'en rende compte, non, je ne pouvais pas. » Elle s'arrête un instant, le regard soudain empli de regrets, de regrets mêlés d'une lueur de colère : « J'ai fait l'opération pour cet homme-là. Mais c'était trop tard. Nous nous sommes séparés alors que j'avais déjà entrepris les démarches pour me faire réparer. Il n'a pas compris ce que je lui refusais. Et je l'ai perdu parce que je n'ai pas pu le lui dire. » « J'avais très peur à cause de l'excision, raconte Awa. Alors j'ai voulu en parler avant. J'étais terrorisée. Pas par la honte, qu'y pouvais-je ? Mais par la difficulté d'en parler. C'est tellement intime. Est-ce qu'il allait comprendre ? En même temps, je ne me voyais pas avoir une vraie relation sans le lui dire. Alors, la première fois, avant, je me suis lancée. Et, oui, il a compris. » Elle sourit à ce souvenir.

Chez Viviane Fanta en revanche, le couple a battu de l'aile à cause de ses difficultés amoureuses : « Je sais qu'une de mes copines a joué de mon excision comme argument pour me piquer mon mari. Elle y est arrivée. »

Au-delà de ces complications, c'est pourtant autre chose qui les fait le plus souffrir. « Je ne me sentais pas entière », dit Awa. Le terme est à la fois cru et fort. Il dit bien ce qu'est leur manque. D'autres disent « coupée », « amputée », « différente » ; « je voulais effacer la honte de mon absence de clitoris », dit Falila. Mais pour toutes, la réparation est la raison première pour laquelle elles ont dressé l'oreille le jour où, à la télévision ou dans le journal, elles ont entendu dire que c'était possible[1].

Patientes de tous âges

Dans la salle d'attente de la clinique Louis XIV, on reconnaît tout de suite les patientes de Foldes. Il en

---

[1]. Sur les vingt patientes de Pierre Foldes que j'ai rencontrées, pas une qui n'ait mis en avant d'abord cette raison-là : le reste, plaisir ou autre considération, n'est toujours venu qu'après...

est de très jeunes, qui viennent par curiosité, entre copines, chewing-gum à la bouche et portable à l'oreille. Elles ont entre seize et vingt ans, ont souvent déjà eu un grand nombre de partenaires, ont parfois subi une voire plusieurs IVG. Mais elles n'ont pas les sensations que leur vante la société, et viennent savoir comment « mieux prendre leur pied ». Celle qui est là aujourd'hui a vingt-deux ans. Qu'espère-t-elle ? « Je veux arriver à connaître ce plaisir dont tout le monde me parle. » Pierre Foldes l'écoute. Il ne condamne pas mais n'acquiesce pas non plus. Il explique ce qu'il fait, ce qu'on peut en espérer. A elle de choisir. « Ce besoin est rarement la raison première pour laquelle mes patientes viennent me voir. Dans tous les cas, et dans ceux-là peut-être encore plus que dans d'autres, je fais très attention à ne pas influer sur leur décision. Il faut rester très prudent dans ces consultations, bien leur faire comprendre qu'il ne s'agit pas de se jeter sur un gadget. »

Plus poignantes sont les femmes de quarante-cinquante ans [1]. Elles viennent avec beaucoup de sérieux, une très grande souffrance qui peine à s'exprimer et la terreur qu'il leur dise : « Vous êtes trop vieille. » « J'ai mis longtemps à le comprendre. Leur dire : "C'est réparable" c'est aussi leur dire "Vous êtes une femme comme les autres" alors qu'elles pensent en être à la fin de leur parcours. » Elles-mêmes avouent souvent leur crainte, parfois en s'effondrant en larmes : « Je pensais que vous me diriez que c'était trop tard. » Avec ces femmes mûres, les consultations deviennent des moments exceptionnels, d'une inten-

---

1. La plus âgée des patientes de Foldes a cinquante-cinq ans.

« Bonjour, docteur »

sité dramatique énorme. Après, c'est le contrecoup : il faut les calmer, modérer leur enthousiasme, leur dire qu'il y a de l'attente, que tout ne va pas se faire là, dans la minute. »

A force, le médecin a fini par élaborer une méthode, une manière de les recevoir qui réponde le mieux possible à ce qu'elles viennent chercher et à ce qu'il veut et peut donner. Lors de la première rencontre, il fait très attention à ne se présenter que comme un outil. Pas question pour lui d'intervenir le moins du monde dans la décision. « Il y a toujours un moment clé au début. Je dis une phrase terrible : "Je vais vous examiner, voir si c'est réparable." Là, je sens souvent chez elles un moment de terreur : et si ça ne l'était pas ? Puis je les examine, et leur conseille : "Dans votre cas l'intervention serait sage." Et ensuite je leur dis : "Donc vous voulez le faire." *Vous* voulez le faire. Je ne veux pas que ce soit automatique. Je dis ce qui est possible, mais ce n'est pas moi qui veux réparer, et il faut que ce soit très clair. La décision est la leur. Chez mes confrères qui reçoivent des femmes venant consulter pour un avortement, il y a des situations très similaires : c'est moins l'avortement lui-même qu'elles craignent que la décision à prendre, et elles veulent que ce soit le docteur qui la prenne : attrapez votre agenda, et montrez-moi dans l'acte irrémédiable du premier rendez-vous que c'est fait, que c'est vous qui allez m'avorter et pas moi qui choisis de le faire. Il faut qu'il soit clair que je n'ai aucune envie particulière de les opérer, que c'est leur choix. Je leur dis en conclusion, et ça les ébranle : "C'est vous qui vous guérissez, ce n'est pas moi, je ne suis que l'instrument." Je crois que ça leur fait du bien. Je ne veux pas qu'il y ait la prééminence du geste, je veux qu'il y ait celle de la décision. »

Aucune pourtant n'a jamais reculé, même si les visages souvent s'assombrissent sous le poids de la réflexion. Une ou deux ont dit : « Je vais réfléchir », mais elles sont finalement revenues. Pour la plupart, la décision était prise avant même la consultation, où elles venaient prendre date. Jamais en tout cas ce refus de prendre la décision à leur place n'a inversé le résultat final.

Accompagnées

Parfois elles viennent avec une amie. Souvent l'amie a déjà été opérée, et les guide vers ce qui l'a tant soulagée, elle. Ou elle n'est qu'une simple béquille, celle qui aide à la démarche, parfois quelqu'un qui y pense mais n'ose pas encore... « Je suis d'abord venue avec une amie, raconte Nadia. Je voulais voir comment ça se passait. Tout ça me paraissait un peu trop beau pour être vrai. » Mais Foldes exige alors de voir l'excisée seule. « Il faut que je lui parle, madame. » L'amie se retire, retourne dans la salle d'attente reprendre son magazine, un peu inquiète quand même de ce qui peut bien se passer de si important qu'il faille cet isolement... D'autres fois, la famille vient, un frère, une sœur. La mère aussi. Mais c'est plus rare.

La mère... Le cheminement avec elle est long, chargé d'une culpabilité qui peine à se faire jour. Si certaines, clairement, ont compris le mal qu'elles ont

« Bonjour, docteur »

laissé faire, beaucoup ne saisissent pas bien la démarche de leur fille. Pourquoi soudain cette envie de réparer ce avec quoi elles-mêmes vivent, ce qu'elles ont subi et fait subir comme l'ont fait avant elles leur mère et leur grand-mère ? Souvent, la mère ne semble même pas trop comprendre pourquoi elle est là, mais sent qu'il se passe quelque chose d'important, quelque chose qui va sans doute la remettre profondément en question. Alors elle commence à soupçonner la légitimité de l'attitude de sa fille. Elle défend son système de valeurs : « D'accord, ça fait mal, mais moi je l'ai très bien supporté... » On la sent flottante, freinant devant une interrogation dont elle ne sait jusqu'où elle va l'emmener. Il lui faut d'abord découvrir l'ampleur de la souffrance de sa fille, découverte qu'elle feint de faire en même temps que le médecin : « Comment aurais-je pu imaginer cela alors que pour moi ça s'est très bien passé ? » Puis, dans un deuxième temps, vient la réflexion sur ce qu'elle a subi : « Est-ce que ça c'est si bien passé que ça ? Est-ce que j'en suis aussi fière que ça ? » C'est un moment cruel. Toute la souffrance cachée par la mère apparaît. « Même moi, un connard de mec qui ne sent pas les choses, je le perçois... », dit Foldes. Rares sont celles qui se rebiffent, qui quittent la pièce ou qui refusent finalement d'accompagner la démarche de leur fille. Pour être moins spectaculaire, leur courage n'en est pas moins impressionnant.

Victoire sur l'excision

Maris et compagnons

Les maris ou les compagnons sont parfois là aussi. Celui d'Awa Koita était beaucoup plus inquiet qu'elle : « Du coup il n'est pas venu. J'y suis allée avec ma petite sœur. J'avais besoin qu'elle soit là... » Certains viennent, en plein accord avec la démarche mais en y voyant leur intérêt à eux : « "Tu ne prends pas ton pied, moi non plus", se disent-ils, et ce "moi non plus" est très porteur, sourit Foldes... C'est presque comme chez le garagiste : alors, docteur, vous me la réparez ? Certains Blancs ont rencontré une Africaine "bandante", ont commencé avec elle une histoire. Et puis il y a cette "chose" qui vient se mettre entre eux, détruire le fantasme, créer un décalage entre l'image de la belle Noire et la réalité de ce qui se passe au lit. Ils souffrent eux aussi. Il y a là dans leur démarche une vraie compassion, au sens étymologique du terme, celui de souffrir avec, quelque chose de pur, d'ingénu. Je n'ai pas envie de creuser pour savoir si, dans le fond, je fais la réparation pour eux ou pour elle. C'est d'autant plus touchant que ces gens ne sont pas toujours des intellectuels. C'est un début de progrès humain, une conception de la sexualité duelle : je "banderai" mieux si elle réagit.... Les Africains ont souvent des motivations moins altruistes, fruits d'une société plus machiste. Ils peuvent concevoir leur sexualité sans celle de leur femme, mais comme elle les embête vraiment, ils l'accompagnent. »

Mais beaucoup, la plupart, viennent seules, presque

« Bonjour, docteur »

en secret. Elles ne veulent pas qu'on sache qu'elles ont eu ce type de réparation, ni le mari ni la famille : « C'était mon truc à moi. J'ai menti à tout le monde sur ma présence à l'hôpital, raconte Falila Ezembe. Ça me rendait très forte, mais c'était triste aussi. Ça m'a révélé plein de choses. » Tout se fait dans un contexte de peur : on répare comme on a excisé, en cachette. D'où le problème de la nuit d'hospitalisation, qui demande une explication et implique des arrêts de travail non motivés. « J'offre peut-être un début de reconstruction, poursuit Foldes. Quand je propose un accompagnement psychologique ou sexologique, elles se jettent dessus parce que cela veut dire qu'on va continuer à s'occuper d'elles. Même si elles ne le conceptualisent pas encore très bien. Plus j'avance, plus le parallèle avec le viol me paraît s'imposer. Dans les deux cas, il y a une agression, une connotation sexuelle, même si le viol est une agression par le sexe et l'excision une agression contre le sexe. Dans les deux cas, il y a domination de l'homme. J'ai beaucoup moins l'expérience des femmes violées, mais peu d'entre elles arrivent aussi à franchir le pas de la démarche de soins. Celles qui le font demandent une assistance psychologique car elles sont capables de voir ce que ça peut leur apporter. » « Je n'en parlerai jamais, continue Falila. Je le dirai peut-être à l'homme que j'aimerai, au père de mes enfants. Et encore... »

8.

Et après ?

Ce jour-là, il a eu la plus grosse surprise de sa vie. Les deux femmes qui l'attendaient n'étaient pas comme ses patientes habituelles : quelque chose de plus sûr d'elles, de plus arrogant aussi. Et pourtant, elles aussi étaient pleines de questions. Mais pas les mêmes. Elles étaient exciseuses.

Foldes savait qu'un jour ou l'autre cela se produirait. Qu'il ne pourrait continuer ainsi sans être un jour confronté à celles dont il réparait les méfaits. En Afrique, il en avait déjà rencontré. Mais il avait été jugé, condamné, comme celui qui cassait le travail. Et aujourd'hui ? Appréhendait-il une nouvelle rencontre ? Non, il se sentait suffisamment sûr et de lui et de ce qu'il faisait pour ne pas avoir à craindre l'affrontement. De là à le souhaiter dans son bureau...

Ce sera bouleversant. « Un moment extraordinaire », dit-il encore, fermant les yeux un instant pour retrouver les visages des deux femmes. Elles s'assoient, et très vite il comprend qu'elles sont venues non pour condamner mais pour écouter. Elles veulent comprendre les conséquences de leur acte, elles viennent le voir comme expert, pour l'interroger sur ce que peut entraîner la mutilation. Avec une attention pénétrante, elles suivent les explications qu'il leur donne, passionnées par les conséquences obstétricales de l'acte. « Je n'étais plus dans un rôle de censeur ou de juge mais dans un rôle de témoin, d'expert médical, domaine dans lequel je ne suis pas contestable. Mon témoignage a ainsi beaucoup plus de valeur que si j'arpentais à nouveau le domaine symbolique ou culturel dans lequel elles se meuvent. »

L'une des deux a fait six mille excisions, l'autre sept ou huit cents. La première a déjà été condamnée, la seconde est une exciseuse de banlieue qui pratique pour l'argent. Les deux pourtant, au fil de l'exposé, semblent mesurer l'étendue de la souffrance qu'elles ont causée et la regretter. Regret qui est aussi égoïste : « Accédez à la demande des filles que j'ai excisées, dit l'une d'elles. Moi aussi, vous m'aiderez à me reconstruire. » A la fin, elles promettent de ne plus faire d'excisions, et de se battre contre. « Je les ai fait répéter, je n'y croyais pas. » Il en tire des conclusions qui dépassent les remords des deux femmes. « Tout est dans l'expression de la souffrance. Ce qui entretient ce crime, c'est que cette souffrance ne s'exprime pas. Tout est faux tant qu'on ne dit pas à quel point il y a peine. Ces deux femmes me l'ont fait comprendre. Là, j'étais fier de moi, car je n'étais plus le chirurgien qui réparait, mais le catalyseur d'une prise de conscience. Les exciseuses, et pour cause, n'ont pas une vision négative de l'excision : elle a un rôle de maintien social, elle les fait vivre, elle est traditionnelle, toutes justifications qui masquent ses méfaits à leurs yeux. Même si elles ont été excisées elles-mêmes. Mais quand elles se retrouvent devant quelqu'un qui parle de douleur, le masque tombe. Les évidences remontent. Il ne faut pas leur dire : "C'est mal" mais les laisser se rendre compte de ce que c'est réellement et maintenant. »

Il lui est arrivé à quelques autres rares reprises de rencontrer des exciseuses : deux Maliennes, autour de la sortie du film de Sembene Ousmane *Moolade* en mai 2005, une troisième présentée par un collectif de membres d'Amnesty International et de Ni putes ni soumises, lors de réunions où des jeunes femmes venaient témoigner de ce que la mutilation avait représenté pour elles. Très courtois, il attend qu'on les lui présente, essayant que ce soient elles qui en viennent à aborder le sujet, pas lui. « Je ne dis pas : "Je répare", mais : "Ecoutez ces jeunes filles qui parlent". Je ne dis pas : "L'excision ce n'est pas bien" mais : "Ecoutez la douleur qui s'exprime". Je ne doute pas qu'ensuite elles ne sachent, seules, faire les rapprochements qui s'imposent. »

Les discussions s'enclenchent. Ce faisant, il essaie d'induire des comparaisons entre l'excision et le viol, le mariage forcé, les violences envers les femmes, combats dans lesquels parfois s'engagent les exciseuses. « Y mêler d'un coup la mutilation est très pédagogique. C'est ma façon à moi de la criminaliser, de la mettre au même niveau que les autres atteintes faites aux femmes. Cela fonctionne. » Surtout, il s'essaie à ne pas être agressif, ce que les associations sont souvent : « C'est tellement important de faire douter les gens qu'il ne faut pas utiliser les armes dialectiques habituelles à ce genre d'associations, et leur rentrer dedans. Les exciseuses sont des victimes : ce sont des femmes, des femmes qui transmettent, certes, mais ne sont pas à l'origine du crime. Les vrais criminels, ce sont les hommes. Ne payent-elles pas pour les autres ? Je ne suis pas à l'aise avec la diatribe. Tout se passerait tellement mieux avec seulement de la pédagogie. »

A l'heure du choix

La décision d'aller se faire opérer est souvent très vite prise. « J'ai trouvé l'adresse du docteur Foldes sur Internet, raconte Awa Koita. Je n'y croyais pas trop : on m'avait tout le temps dit que l'excision était irréversible. Mais j'y suis quand même allée tout de suite ». Pour la plupart, grâce à la découverte de l'incroyable possibilité soudain offerte par un article de journal ou une émission de télé, parfois par une amie qui les en informe, elles s'aperçoivent que ce désir était en elles déjà depuis longtemps. Rendez-vous est pris...

De l'intervention elle-même, elles gardent plutôt un bon souvenir. « Je n'avais jamais envoyé ma fille en vacances avant, raconte Viviane Fanta. L'hôpital, c'était le paradis. Foldes ne sait pas tout ce qu'il nous rend. » La principale difficulté est, pour celles (la majorité...) qui n'en parlent pas autour d'elles, de justifier cette nuit d'absence qu'elles passent en fait à l'hôpital. Souvent, il suffit d'avouer le séjour et de l'attribuer à une autre affection... C'est assez rapide, généralement peu douloureux. « Seules une ou deux ont eu vraiment mal, raconte Catherine Solano, sexologue qui a reçu plusieurs patientes après leur opération pour tenter d'en évaluer avec elles les effets. Mais certaines se plaignent

Et après ?

du peu de temps que Foldes, débordé par sa tâche, peut leur consacrer. Faire parfois plusieurs heures de voiture et n'être reçue qu'un quart d'heure en a déconcerté quelques-unes... »

Après le passage au bloc, leur première réaction est souvent l'incrédulité. A l'hôpital, Félicité et sa compagne de chambre ont passé leur temps à se montrer et se remontrer l'endroit opéré pour bien se convaincre que cela était vrai. « Je n'ai vraiment pris la mesure de ce qu'on m'avait enlevé que dans la salle d'opération », affirme Falila Ezembe. Elle a pris les mains de la femme à côté d'elle et pleurait, lui disant : « Vous vous rendez compte, trente ans. Trente ans ! » Et, immédiatement, autre graine jetée en elle par le couteau, la haine et la rancœur ont jailli : « Ces matrones, j'aurais voulu les tuer. »

Félicité Bangre non plus n'a guère hésité. Qu'avait-elle à perdre de toute façon ? Son histoire était mal partie dès le début : « J'avais été mal excisée. On m'en avait enlevé juste la moitié, comme ça, regardez... » Sur son ticket de métro, elle dessine maladroitement les séquelles de l'intervention. Elle a les sourcils épilés, les cheveux tressés, un petit diamant serti dans une dent et un air encore sauvage, méfiant, que seul réussit parfois à effacer un émouvant sourire... « C'est en grandissant, quand j'ai vu une petite fille qui faisait pipi, que j'ai cru qu'elle avait un petit zizi que je n'avais pas. J'ai regardé mes autres copines : elles, en revanche, elles n'avaient plus rien. Et moi, j'étais entre les deux, avec une moitié de truc... » A neuf ans, Bambara venant du Mali, elle arrive en France. Sa mère l'a abandonnée, et elle se retrouve chez sa grand-mère maternelle. C'est le début d'une période terrible :

bonne à tout faire de la maison, elle quitte l'école, devient la servante de ses cousins et cousines, est régulièrement battue comme plâtre. Plus elle grandit, plus les scènes de révolte se multiplient, plus les coups sont durs. « Jusqu'au jour où je me suis juré que c'était fini, que plus personne ne me taperait jamais. » Quand sa grand-mère s'approche, elle la menace à son tour. A dix-huit ans, elle s'enfuit et se retrouve à la rue. Période de manche, d'errance, d'où elle ne garde comme seule fierté que celle d'avoir refusé la prostitution. Arrêtée par des policiers, elle leur demande à être expulsée vers le Mali : ils refusent... N'ayant pas fait d'études, aujourd'hui encore elle lit et écrit très mal. « Le début de ma vie a été un cauchemar. » La rencontre avec des associations lui permet de trouver quelques petits travaux. Elle vit dans les foyers africains ou dort dehors, vole des habits, va se laver à la piscine municipale et fait du baby-sitting. C'est là qu'un soir, chez les gens dont elle a gardé l'enfant, elle rencontre un garçon. A nouveau à la rue, elle l'appelle et se fait héberger chez lui. Il l'épousera.

La vie de couple avec celui qu'elle appelle encore d'un curieusement distant « Monsieur Bernard » sera dure. Elle achoppe sur la sexualité. « Il me fallait très longtemps, au moins une demi-heure de préliminaires, avant que l'envie de faire l'amour ne me vienne. Et encore ça n'avait rien de génial. Avant d'avoir mon bébé, j'avais même décidé de ne plus avoir de relations sexuelles. Je comprends qu'il en ait eu marre, Monsieur Bernard. » Elle a pourtant deux petites filles, qui n'éveillent guère en elle d'instinct maternel. « Cet été, c'est la première fois qu'elles m'ont manqué. Je les ai eues sans les choisir. Je suis tellement

Et après ?

occupée par moi-même... » Elle traîne toute la journée, déprime, pense à se faire refaire une poitrine effectivement discrète en se disant : « Si je ne peux pas changer le bas, au moins je changerai le haut. » En 2002, elle fait une tentative de suicide.

Aujourd'hui, l'avenir lui semble plus rose. Elle s'est séparée de « Monsieur Bernard », et vit seule avec ses filles, à qui elle s'intéresse enfin. Et elle a été « réparée » le 7 septembre 2004. « Pendant un mois ou deux, j'ai eu un peu mal à cause de la cicatrisation. Mais j'étais très fière. Je suis sûre que ça se voyait même dans ma manière de marcher. J'étais entière. Je me regardais souvent avec le miroir. J'arrivais à rester nue. Sous la douche, je sentais que ça redevenait sensible. » Et après six mois, ce fut une métamorphose. « J'avais très envie d'essayer, de découvrir le sexe. Je sentais que ça n'était pas ce que j'avais connu. Je n'ai pas eu de chance : le premier mec sur qui je suis tombée après l'opération était un abruti. Il m'a pénétrée comme ça, d'un coup, et je n'ai rien senti. J'ai dû me toucher longtemps après pour voir si je ressentais à nouveau quelque chose. J'avais très peur. Mais le deuxième, ç'a été merveilleux. Mon premier orgasme. Une révélation. J'en ai pleuré. Le jeune homme était ravi. Il me regardait en souriant : "Je n'ai jamais fait pleurer une fille", me disait-il, aux anges. » Depuis, elle se laisse draguer dans la rue, refuse d'amener qui que ce soit chez elle mais accepte volontiers d'aller à l'hôtel. « Avant, je manquais complètement de confiance en moi. » Elle envisage mieux l'avenir : « J'ai encore des journées de déprime que je passe à pleurer, mais dix fois moins qu'avant. » Elle voudrait ouvrir une association pour les enfants maltraités, faire du business international, passer son permis de conduire, apprendre enfin, rêve d'enfance, à faire du vélo, retourner voir Foldes : « J'aimerais arranger mes petites lèvres. Elles ne me plaisent pas. » Elle sourit, contente : « Là, je serais vraiment parfaite. » Pour le remercier, elle voudrait lui écrire un poème qu'elle encadrerait : « C'est grâce à lui que je suis comme ça maintenant... Tout ce que j'ai raté, je vais le rattraper. »

Revanche sur une vie manquée qui se serait focalisée sur l'excision ? Réelle redécouverte de sensations éteintes ? Les deux sans doute. Toutes les opérées de Foldes n'ont pas connu les mêmes plaisirs que Félicité. La question de la récupération sexuelle (du moins en France, et chez les observateurs de l'opération peut-être plus que chez les opérées) est celle qui vient le plus immédiatement à l'esprit. Un comité d'évaluation, placé sous la direction de Marc Ganem, président de la Société française de sexologie clinique, est en train d'être mis en place. Catherine Solano leur a soumis un long questionnaire : « Il est encore difficile de juger vraiment, explique-t-elle. Les réactions sont assez variables. J'en ai vu une vingtaine. Plusieurs ont quand même le sentiment d'éprouver maintenant de réelles sensations, même si elles manquent forcément d'éléments de comparaison. »

Rien n'est de toute façon instantané. A la guérison de la cicatrice physique, il faut ajouter celle, beaucoup plus longue, de la cicatrice morale : « Beaucoup, six mois après, n'acceptent pas encore qu'on les touche à cet endroit », constate Catherine Solano. Mais Awa Koita, opérée en septembre 2004, affirme un an après : « L'excision m'avait toujours empêchée d'être totalement épanouie avec mes petits amis. Je mentirais en disant que je ne ressentais rien en faisant l'amour.

Et après ?

Mais les sensations sont beaucoup plus fortes depuis. Il y avait toute une zone insensible qui ne l'est plus. Et je me sens tellement plus sûre de moi... » Falila Ezembe n'a eu qu'une relation sexuelle depuis l'opération : « C'était juste après. J'avais envie de voir. Ce n'était pas encore ça. C'était ma raison qui parlait, pas encore mon corps. J'ai subi le plaisir de l'autre. » Mais cela ne l'a pas découragée. Elle a eu depuis une autre relation, avec un homme marié. Cette fois, c'était la bonne : « On se griffe, on se mord, on se bat... Je suis sûre que cette intensité est due à ma transformation. Avant j'avais honte d'être diminuée. Là, je suis pleinement moi. Si l'homme pour qui je me suis fait réparer était encore là, je ne le perdrais pas. » Elle n'a pourtant pas l'intention de se lancer dans une vie d'aventures, juste pour expérimenter un « nouveau jouet » : « Pour que j'aie une histoire, il faut que la personne en face soit une promesse, même pour une nuit. Il y a maintenant des choses que je ne veux plus donner à des radins, à des gens qui ne sont pas généreux... Cette opération a été mon salut. »

De toute façon, répétons-le, la récupération du plaisir n'est pas le but premier de la démarche, qui est de retrouver ce sentiment d'intégrité, de récupérer ce qui leur a été volé. « Quand j'ai été réparée, j'ai pensé : "Je les emmerde, on me l'a remis" », rit Falila. Viviane Fanta, opérée il y a un an, n'a pas refait l'amour depuis : « J'ai le sentiment d'être à nouveau vierge. » Et elle n'offrira pas cette seconde virginité au premier venu juste pour se prouver que quelque chose a changé : « Je n'ai pas fait l'opération pour rechercher le plaisir. Mais j'ai maintenant des envies que je n'avais pas avant. » Elle n'est pas la seule à se maintenir dans cette réserve.

Fatoumata attend toujours l'homme, le vrai, celui avec qui elle fondera une famille : « Je suis redevenue femme », affirme-t-elle pourtant. Lucy hésite, car elle a peur d'être « un peu déçue », et préfère bercer encore un moment quelques rêves.

Le secret envers la famille, qui est la règle pour beaucoup, ne facilite pas ce retour à une vie normale. Awa Koita ne dira rien de l'opération à ses parents, et n'en a parlé qu'à sa sœur : « Ils ne comprendraient pas. » D'autant qu'elle est maintenant menacée d'un mariage forcé et refuse depuis deux ou trois ans de rencontrer l'époux qu'on lui destine. Falila Ezembe a hésité : « En parler à ma mère, ce serait lui faire mal. Je la choquerais, mais ce ne serait qu'une vengeance. » « Etre réparée, c'est aussi intégrer le clitoris à sa pratique. Donc rendre public ce qui s'est passé. Le secret crée une vraie distance à la famille, dans une culture où les liens familiaux sont très importants, même si elles sont en rupture ou en conflit avec eux », commente Catherine Solano. Ce secret a conduit l'une d'entre elles à cette situation ubuesque où elle a dû accompagner ses parents prier à la mosquée pour l'exciseuse Hawa Gréou le jour où cette dernière a été condamnée !

Pour les aider à franchir ces épreuves de l'« après », beaucoup demandent un soutien psychologique, lequel n'est pas encore mis en place. « Certaines aurait besoin de réels conseils sur la sexualité, poursuit Catherine Solano. Elles s'interrogent énormément sur le plaisir, et il y aurait encore beaucoup de choses à dénouer après la réparation. » Falila refuse ce suivi, mais avoue malgré tout ses manques : « Je ne réalise pas encore que je suis à nouveau complète. C'est toujours une plaie que je soigne, tout doucement. »

Et après ?

Convaincre la Sécu

Ce jour-là, Pierre Foldes est terrifié. Il sait que l'entretien est la clé de tout. Il l'a préparé pendant des heures. Pendant l'été 2003, il s'est mis en tête de faire prendre en charge son opération par la Sécurité sociale. Et aujourd'hui, il doit rencontrer Pierre-Jean Cousteix, médecin contrôleur national de la Sécurité sociale. Le principal problème auquel il va se heurter, et il le sait, c'est le fait que la chirurgie esthétique, à l'inverse de la chirurgie réparatrice, n'est pas remboursée. Se faire refaire les seins, par exemple, n'est pris en charge que si l'intervention a lieu après un cancer. Il va lui falloir faire admettre que ce qu'il propose relève bien de la thérapie, et pas seulement d'un désir esthétique un peu futile... Sachant la difficulté de la lutte, il a préparé son dossier avec constance, acceptant qu'une enquête soit faite sur lui, se préparant à répondre à toutes les questions possibles, y compris celles qui ne lui seront pas posées, comme il l'avait fait en préparant ses examens.

En entrant dans le bureau de l'homme dont tout dépend, il respire un grand coup, s'attendant à tomber sur un fonctionnaire glacial : ces trois dernières années, aucune nouvelle autorisation de remboursement n'a été accordée. Et miracle : d'emblée la conversation est très chaleureuse. Comme Jean-Antoine Robein, Cousteix est un grand « Africain », et les deux hommes évoquent les pays qu'ils ont parcourus. Foldes se détend. Il joue profil bas, convaincu mais sans arrogance, met en avant le fait que l'excision en France tombe sous le coup d'une condamnation pénale, qu'il essaie de réparer ce crime grâce à une opération calculée au moindre coût, que travailler gratuitement lui coûte. L'entrevue dure une heure et quart : « Il y a eu énormément d'émotion. Cette rencontre a sûrement été une des choses les plus importantes que j'aie vécues autour de l'excision. J'en suis sorti épuisé mais ravi. Ça reste un grand souvenir. »

Son attitude envers la circoncision a sans doute aussi beaucoup joué en sa faveur. La circoncision rituelle masculine, remboursée, coûte très cher à la Sécurité sociale. Elle est une source énorme de revenus pour les urologues : geste court, au dépassement d'honoraires prévu, il se fait partiellement aux frais de la Sécu. Foldes a toujours contesté ce recours aux deniers publics. Chaque fois, il lui faut l'expliquer aux gens : « Chirurgicalement (quoi que j'en pense), je veux bien le faire mais je refuse que la collectivité nationale le prenne en charge. » Certains patients réagissent très mal, mais il maintient ce cap.

Il apprend bientôt que ses efforts ont porté leurs fruits. Il a été convaincant. Suffisamment : son opération sera remboursée. Cette victoire remportée seul l'emplit d'une grande fierté : « Ç'a été formidable de voir des gens qui font des économies sur tout reconnaître la nécessité de ce que je fais, de voir la Sécurité sociale française admettre la prise en charge de l'inversion d'une coutume africaine faite sur notre sol. » Beaucoup ensuite lui conseillent, comme le font beaucoup d'inventeurs, de récupérer de l'argent de la Sécu grâce à la cotation de l'acte : « J'ai essayé au contraire de tirer le moins de profit possible de l'institution, alors que la tactique usuelle en cas d'innovation est de faire l'inverse. Je me suis fait traiter de débile par tout le monde : j'aurais effec-

Et après ?

tivement pu gagner quatre fois plus. Mais le but était d'essayer de simplifier tout ça, que l'acte lui-même représente à la fois le moins de gestes possible et soit fait au coût minimum. » Cela voulait dire travailler sur la longueur du fil utilisé, sur les produits avec lesquels on badigeonne la peau, sur les anesthésiques...

Maintenant, l'opération coûte 120 euros à la Sécurité sociale. En ajoutant le reste (hospitalisation, petit déjeuner, anesthésique), on arrive en coût global réel effectif à 1 500 euros. « L'appendicite, c'est dix fois cela en clinique et quarante fois à l'hôpital. » Le coût des réparations, calculé au plus juste, pourrait encore être réduit si l'opération était faite en ambulatoire mais il faudrait alors une anesthésie locale et pas générale. Pierre Foldes se refuse encore à l'envisager : « La patiente pourrait avoir l'impression de revivre son excision. De plus, ces femmes, généralement très actives, ont souvent des bébés, sont happées à peine de retour à la maison par des contraintes lourdes, et doivent avoir au moins une nuit complète de repos, même si cette nuit pose souvent des problèmes d'explication à celles qui se font réparer en cachette de leur famille et de leur conjoint. »

Le rêve de la gratuité

Cette victoire le confirme dans la voie qu'il a choisie, une des raisons sans doute aussi du succès de son opération : sa gratuité. Au début, à Saint-Germain-en-Laye, il se refuse à faire payer ses réparations. Ses patientes (à quelque bémol près : l'une, s'étant sentie « mal traitée par les infirmières », affirme qu'elle aurait préféré « avoir payé et être traitée comme les autres ») en sont ravies. Exigence qui suscite beaucoup d'incompréhensions et, au-delà de sa générosité, limite sans doute sa capacité à former des successeurs. Récemment, des plasticiens de Genève sont venus le voir. Ils ont d'emblée annoncé la couleur : ils ne conçoivent pas de faire l'opération à moins de 10 000 francs suisses. Le dialogue s'est arrêté là. « Pourtant, il faut faire comprendre à ces gens-là le sens de ma démarche, sans être bêtement agressif. J'ai voulu, peut-être à tort, que la promotion d'une technique ne se fasse pas pour des raisons d'argent. Mais ils considèrent que je ne vis pas dans le même monde qu'eux. »

C'est encore loin, dans ses débuts humanitaires, qu'il faut aller chercher ce désir de gratuité. A l'époque où il travaillait avec Alain Deloche à Médecins du monde et arpentait l'Asie avec son aîné, les deux complices cherchaient déjà à réduire les coûts des actes chirurgicaux. Cette volonté d'économie a mené à des miracles, par exemple faire revenir à la vie un garçon ayant des problèmes cardiaques graves et lui offrir une assistance cardiorespiratoire complète, ce qui est pratiquement ce que l'on peut faire de plus cher. « On a réussi à réduire ces coûts par dix ou vingt, et à les rendre supportables par des dons. C'était magnifique. Si on veut économiser, on peut. J'ai gardé en mémoire cet enseignement, et je vais actuellement à contre-courant de tous mes collègues qui me disent : "C'est bien ton truc, mais fais-le payer, fais un acte opératoire cher". » Il soupèse avec une ironie mêlée d'un soupçon de doute les arguments qu'on lui

Et après ?

oppose : « Des psychiatres m'ont longuement expliqué que je n'avais pas d'estime de moi. On m'accuse de décrédibiliser le geste : une patiente qui achète un billet d'avion et vient me voir, si je lui dis que c'est gratuit, elle me prend pour un amateur. C'est possible. Ai-je été trop loin ? Symboliquement (j'accorde beaucoup d'importance aux symboles), est-ce bien que je fasse de la chirurgie et que, finalement, ce soit moi qui paie à chaque fois pour chaque patient ? Puis-je demander un peu ? Mais à qui ? Et combien ? »

Cette gratuité pourtant, si elle n'était qu'un cadeau à l'époque où il faisait quelques opérations par mois, devient maintenant la cause d'un véritable manque à gagner. Le docteur Foldes travaille en secteur 2, avec à la fois des consultations chères et des frais importants : ses assurances, la location de son cabinet de consultation, les reversements qu'il fait à la clinique même pour un acte gratuit. L'équilibre se fait avec des dépassements d'honoraires... Sur chaque opération d'excisée, il est donc perdant de 10 à 20 euros, et ces interventions prennent de plus en plus la place de la chirurgie qui lui rapporte. Il faut trois ou quatre consultations par opérée, et il en opère maintenant vingt par semaine. « L'intérêt est de leur faciliter l'accès à la réparation, et d'essayer de mettre au point pour l'exporter une technique simple réalisable après peu de formation. C'est une démarche politique, dans laquelle je ne suis pas compris. »

Même pas par celles qui en profitent. Dans l'euphorie de ces victoires, une amertume se fait jour. L'argent, ce vieux poison... On sent là le vieux lutteur un peu désabusé, abattu non par les obstacles à renverser mais par les mesquineries à supporter. La déception n'est ni feinte ni coquetterie de vedette : il est sincèrement meurtri.

Victoire sur l'excision

« Comme c'est gratuit, mes patientes viennent pour des tas de choses qui n'ont rien à voir avec l'excision : avoir trois mois d'arrêt de travail, se faire rembourser la pilule... J'ai l'impression de me faire avoir. Je leur rends service, et elles en profitent... Parfois j'en vois venir qui descendent d'une grosse voiture, se sont fait refaire les seins... Sans doute me voient-elles aussi comme un privilégié, car je suis médecin, et comme un homme qui répare les crimes des hommes. Donc elles peuvent en profiter. Des gens que j'aide et qui tirent sur la corde ? J'ai du mal à le comprendre... Il est arrivé que certaines me disent, bouleversées : "Docteur, vous m'avez sauvé la vie." Mais quand je leur ai suggéré de me donner quelque chose pour pouvoir faire pareil avec d'autres, elles ont refusé. Ça fait très mal. Le pire, ç'a été quand je me suis retrouvé avec des chèques en bois de 30 euros. J'étais effondré. Je ne m'y attendais pas du tout. Suis-je vraiment un enfant de chœur ? Mes collègues qui disent : "C'est 300 euros ou vous ne me voyez pas" ont-ils raison ? L'argent est-il le meilleur moyen pour fonder des rapports avec les autres ? »

Devra-t-il renoncer au rêve de la gratuité ? « Maintenant, celles qui ont la Sécurité sociale, je leur demande parfois 200 euros que je mets de côté pour opérer les femmes africaines qui n'ont rien, pas de papiers, pas de Sécu, et sont contraintes de prendre pour l'intervention le nom de leur sœur qui, elle, est en règle. J'essaie de jouer sur leur sens de la dignité. Mais ça ne marche pas toujours. C'est une très grosse déception. » La solution, en fait, a été de développer l'offre de réparation à l'hôpital public, à Saint-Germain-en-Laye, où il est praticien hospitalier à mi-temps. Le nombre d'opérations, de ce fait totalement gratuites, a augmenté de façon importante.

Et après ?

Menaces

« Vous n'avez pas le droit de faire ça. » La voix est dure, rapide. A peine proférée la menace, il raccroche. Pierre reste immobile, le combiné entre les doigts. C'est à son retour en France, quand il commence à opérer, qu'il reçoit ses premiers coups de fil de menaces. Le téléphone qui sonne, une voix, plus ou moins violente, plus ou moins directe, qui prévient. Et parfois va très loin : « On va te faire la peau. » « Te faire la peau » : le choc culturel devient physique.

A la Réunion, lors des consultations de virginité, il avait déjà eu affaire à ce type de réactions. Mais c'est en France qu'elles se multiplient. De qui émanent-elles ? Les interlocuteurs se présentent rarement, et n'ont encore jamais commis l'erreur d'écrire des lettres, fussent-elles anonymes. Les rares confrontations physiques qu'il a eues avec eux lui laissent pourtant peu de doute : « En France, il y a des mouvements islamistes qui utilisent n'importe quels prétextes contre ceux qui s'intéressent aux conditions des femmes. Je dérange ces radicaux en quête de prétextes. Le débat sur l'excision provoque les mêmes réactions que le débat sur le voile : il y a à la fois des revendications identitaires tout à fait légitimes et des gens qui s'en servent complètement. Il est possible de travailler ces revendications identitaires de manière constructive, même avec des radicaux. Mais pas avec les gens qui m'appellent ainsi : là, c'est la violence d'entrée. »

Bien sûr, les pressions font partie du risque humanitaire. En revenant de Yougoslavie, de Birmanie, d'Indonésie, des Philippines, il a eu son lot d'intimidations et de menaces téléphoniques. De même, il est convaincu d'être sur écoute téléphonique, comme tout cadre humanitaire depuis dix ou quinze ans. Qu'y faire ? Longtemps il s'est posé la question, négligeant de parler à sa femme de ces « incidents ». Ceux qui ont voulu le protéger l'ont aidé à trouver la réponse. Sa réponse.

Le procureur général de Versailles le convoque. Aller le voir n'enchante pas le chirurgien, qui a autre chose à faire mais se sent quand même obligé, ne serait-ce que par courtoisie, de se rendre à l'invitation. Au palais, Foldes le cherche et peine à le trouver tant les gendarmes ne veulent pas croire qu'un particulier soit ainsi reçu par lui. C'est un personnage considérable, qui a en charge toute la politique judiciaire des Yvelines, et s'occupe rarement de simples problèmes de menaces. Le chirurgien arrive à l'énorme bureau lambrissé du haut fonctionnaire. L'homme est petit, vif, sympathique. Dans ses priorités, il a inscrit la lutte contre les réseaux islamistes et la violence faite aux femmes. Pendant près de deux heures, Pierre restera dans son bureau.

« Docteur, voulez-vous être protégé ? lui demande-t-il très vite.

– Non. »

La réponse est nette, tranchant ainsi dans le feu de l'action un débat qui préoccupait Pierre. Le procureur tique, un peu interloqué.

« Réfléchissez bien. Vous courez peut-être un vrai risque. Et si je devais être égoïste, je vous dirais aussi que nous allons avoir plein d'ennuis s'il vous arrive quoi que ce soit, surtout si on sait que vous êtes venu

Et après ?

me voir. Voulez-vous au moins déposer une plainte ? »
Il refuse à nouveau, ce qui ne fait pas plaisir à son interlocuteur.

« Porter plainte, c'est reconnaître qu'il y a affrontement, se justifie Pierre. Et pour l'instant, je ne veux pas. Je ne veux pas entrer dans la polémique sur l'excision, mais rester dans mon simple rôle de médecin qui répond à une demande. »

Le procureur insiste pour prévenir au moins le commissaire divisionnaire. Pierre ne peut que consentir. Quelques jours plus tard, il est à nouveau convoqué, au commissariat cette fois. Le discours se répète : le commissaire aussi voudrait le protéger et qu'il porte plainte à la première menace. Mais il refuse à nouveau, et répète les mêmes explications : « Porter plainte, c'est entrer dans le système. »

Les menaces se feront pourtant plus précises. Fin 2003, un musulman en robe blanche, d'une cinquantaine d'années, entre dans son bureau, un couteau à la main. Il est seul. Pierre aussi. Les regards se croisent. « La question de la peur ne se pose pas à ce moment-là. Il faut juste ne pas reculer, regarder la personne en face. J'ai eu la réaction que j'avais déjà eue au Liban, celle de dire simplement la vérité. » Il développe un discours qu'il connaît par cœur, explique ce qu'il fait, rappelant que l'excision n'a aucun lien avec l'islam. Son agresseur ne s'attendait visiblement pas à ce qu'il argumente. Il paraît d'abord interloqué, puis sort du bureau. Là aussi, comme il a refusé une protection, il refuse de porter plainte et de poursuivre l'homme au couteau : « Il me semblait avoir été compris, et mon discours n'était pas compatible avec une réaction de défense institutionnelle. Porter plainte

Victoire sur l'excision

par-derrière, c'était afficher l'inverse de ce que je venais de dire. J'ai fait un choix : j'essaie de m'y tenir. »

La peur est-elle quand même là ? Oui et non. « Plus ces incidents arrivent, et plus ils me disent que j'ai raison. Mon combat est donc le bon. » A sa femme, il raconte qu'il a été menacé, mais sans insister. « Est-ce que ça vaut le coup de me faire flinguer pour ça ? Je n'ai pas poussé la réflexion jusque-là. J'aurais tendance à dire oui, mais c'est théorique. Si on me menace, c'est que je dérange, et c'est le but que je veux atteindre. Cela me renforce donc totalement dans ma démarche. Je ne recherche pas le risque de façon malsaine, mais je sais qu'il existe. Si on m'empêche de continuer, c'est qu'il y a un intérêt à continuer. Cela dit, on ne connaît jamais très bien ses réactions tant que rien n'est arrivé : peut-être que je changerais radicalement d'avis au premier coup de couteau. » Il se refuse encore le plaisir de la provocation, mais souhaiterait que la relève s'affirme : « Au bout d'un moment, ce n'est pas que de la médecine, c'est aussi de l'engagement. Plus on en parlera, plus d'autres chirurgiens commenceront à opérer à leur tour, plus je serai libéré de ce danger. Là, on me menace aussi parce que je suis seul. Mais pour l'instant, la perversion par l'argent me pose plus de problèmes que ces quelques menaces. »

9.

Au pays des pharaons

97 %

Il y a des mots rares. Plus que rares, précieux. Il a fallu pour qu'ils sortent des années d'intimité, un rien de chantage ancillaire, une surprise surmontée avec peine et beaucoup d'hésitations. Et puis ils ont jailli, flot brûlant, si longtemps contenu. Hayet a raconté à Christiane, sa patronne, ce qu'avait été son excision. Les deux femmes ont le même âge. Elles ne sont pas amies (comment le pourraient-elles, l'une bourgeoise cairote copte, l'autre *saidie*[1] montée survivre dans la capitale en faisant des ménages...), mais elles ont vécu côte à côte pendant plus de vingt ans. La première n'est pas excisée, la seconde si. Jamais elles n'en avaient parlé. Il a fallu ce livre et toute la gentillesse de Christiane, qui a elle aussi longuement hésité, pour qu'elle accepte de poser la question. La réponse est venue, ne différant de celles déjà entendues ailleurs que par sa rupture d'une tacite « omerta » : « J'avais

---
1. Habitant du sud de l'Egypte.

Victoire sur l'excision

onze ans. Personne ne m'a rien dit. La *daya*[1] est venue. Je la connaissais parce qu'elle était venue mettre au monde ma petite sœur. J'étais confiante. Ça m'a fait très mal, une douleur terrible. Et puis j'ai oublié. J'ai compris des années plus tard ce qu'on m'avait fait, en regardant la télévision un jour. Mais on a éteint. Ce sont des choses dont on ne parle pas. »

Nous sommes en Egypte. Pourquoi terminer ce récit dans ce pays ? D'abord parce que Pierre Foldes y a eu des contacts à un haut niveau, et que sa découverte y intéresse beaucoup de gens. Mais surtout parce que, à l'inverse du Burkina-Faso, l'Egypte est un de ces pays qui persistent dans la pratique de l'excision. Elle y est extrêmement présente, reste à la fois un sujet tabou et le prétexte à des affrontements entre des milieux islamistes en pleine expansion, fussent-ils modérés, un gouvernement désavoué qui essaie de lutter et des militants convaincus, trop rares, qui se battent comme ils peuvent.

97 % : 97 % des Egyptiennes mariées et âgées de quinze à quarante-cinq ans, tant chrétiennes que musulmanes, sont excisées. Ce chiffre, qui date de 2000, est le chiffre officiel. Il stupéfie. La plupart des spécialistes de la question l'estiment exagéré : le sondage qui l'a mis au jour était le premier à utiliser le mot « excision » et la pratique étant assimilée à une pratique musulmane, avouer ne pas être excisée aurait été avouer être une mauvais musulmane. Admettons. Il n'empêche que, même gonflé, il recouvre une réalité que d'autres sources évaluent comme touchant au

---

1. Accoucheuse traditionnelle. C'est elle qui, très souvent, s'occupe de l'excision.

moins 80 % des femmes. Qui, parmi ces hordes de touristes déferlant régulièrement sur les rives du Nil pour naviguer en felouque entre Louxor et Assouan, courir du musée du Caire aux Pyramides dans le concert de klaxons et la poussière de la capitale, se plonger dans la pénombre des tombes royales, parmi ceux-là, qui le sait ? En Haute-Egypte, là où les vestiges du passé sont les plus fameux, les taux de prévalence explosent, atteignant plus de 90 %.

Le vrai secret des pyramides

Paradoxe étonnant : malgré ce chiffre effarant, malgré les efforts du gouvernement pour faire de ce combat une cause nationale, la première dame du pays s'engageant elle-même dans le combat, le tabou le plus total recouvre l'excision. Nevine Ansara, fille de la bonne bourgeoisie égyptienne, heureusement non excisée, ignore encore à quarante ans passés et après avoir poursuivi ses études jusqu'à l'université ce qu'est exactement l'excision et à quel point elle est répandue dans son pays. Fatima el-Guindi a fini par comprendre une fois adolescente, en entendant en parler une femme qui habitait son immeuble et pratiquait des massages, des bains, des épilations. Viviane Fouad, aujourd'hui militante convaincue, a découvert à douze ans l'existence de la mutilation, à laquelle elle avait échappé, mais elle ne se n'en est pas alors ouverte à ses parents : « Ma mère ne m'en avait jamais parlé, et je savais qu'elle ne me répondrait pas. » Et elle a grandi, elle qui a été épargnée, avec l'idée que la pratique ne concernait que les classes inférieures. Il faudra sa rencontre avec Marie Assad, la première femme à s'être élevée contre les mutilations, pour découvrir alors que toutes les classes sociales sont touchées.

Pourtant, depuis quinze ans, qui veut savoir le peut. En 1994, la diffusion par CNN d'une excision filmée en direct pendant la conférence des Nations unies sur la population a fait l'effet d'une bombe. La correspondante de la chaîne a failli être expulsée. Et puis ? Et puis plus rien... Comment un tel spectacle, un tel scandale ont-ils pu être effacés ainsi des mémoires ? Mystère. Il n'en est resté qu'un glissement sémantique sans doute important : les « excisions » sont devenues les « mutilations génitales féminines », terme autrement plus stigmatisant. En parler en Egypte, c'est aujourd'hui encore déranger, se heurter à l'incompréhension, la négation, l'ignorance. Voire s'attirer cette réflexion excédée d'un père dominicain, pourtant homme brillant et ouvert par ailleurs : « Parler de ça, c'est encore une fois salir l'image du pays. » Tant pis : assumons cette souillure...

La situation légale est complexe. Il n'y a pas de loi officielle condamnant l'excision. Mais les mutilations sexuelles féminines violent l'article 240 d'un texte pénal qui condamne tout auteur d'un dommage corporel fait à autrui. Le contrevenant risque trois à cinq ans de prison. Le débat s'est ensuite compliqué d'une suite de décrets autorisant tantôt toutes les mutilations, tantôt certaines seulement, tantôt exigeant qu'elles soient faites par un médecin et que ledit médecin ait tenté de convaincre les parents d'y renoncer, cas de figure fort peu réaliste... Pris en 1994, ce dernier décret suscita l'ire de la communauté internationale, choquée par cette médicalisation de l'acte, et fut abrogé en 1995. En 1996, le ministre de la Santé interdit la pratique sauf en cas de nécessité médicale et avec l'accord d'un obstétricien, action méritoire mais de toute façon impuissante sur les mutilations faites à domicile et par un médecin qui ne relevait pas du public.

Cette fois, ce furent les fondamentalistes et un certain nombre de médecins musulmans qui attaquèrent le décret devant le tribunal administratif, lequel l'annula le 24 juin 1997 en arguant que le ministère de la Santé avait commis par son interdiction un abus de pouvoir. Ephémère victoire, puisque la validité du décret fut à nouveau reconnue par la haute cour administrative en décembre 1997. On en est toujours là. Théoriquement donc, la nécessité médicale étant inexistante, l'excision est interdite en Egypte. Concrètement, elle est pratiquée quotidiennement sans qu'aucune condamnation n'ait jamais été prononcée.

La lutte

Ceux qui luttent se retrouvent isolés. Ils sont pourtant tout à fait officiels : Mme Moubarak, femme d'un président dont la démocratie menace peu d'interrompre le règne, s'est engagée résolument dans le combat. Elle a créé un mouvement appelé Conseil national de l'enfance et de la maternité qui organise sur le terrain de nombreuses actions. En 2003, une grande campagne nationale, déclarée « priorité nationale » et intitulée *Ila mat* (Jusqu'à quand ?), a été lancée. Une conférence s'est tenue du 21 au 23 juin 2003 au Caire, organisée justement par le Conseil national de la maternité et de l'enfance, en coopération avec plusieurs ONG égyptiennes et européennes et avec la participation de représentants de l'ONU. Des délégués de vingt-huit pays arabes et africains y participaient. Des spots contre l'excision (on y voyait une adorable petite fille marcher, on y entendait une voix off avertissant de ce qui la menaçait, et une ronde d'enfants dansant autour de palmiers quand défilait le slogan « Nous devons changer maintenant ») sont même passés à la télévision, plusieurs fois par jour. Mais l'impact de ces mesures est atténué regrettablement par le mépris des gens pour leur gouvernement. Dans beaucoup de milieux, cela devient même contre-productif, le gouvernement étant supposé à la solde des Américains et l'un des arguments majeurs devenant que ses détracteurs cherchent à éradiquer la culture égyptienne en y substituant une culture de Blancs.

Les programmes sur le terrain développent le même type d'action que dans d'autres pays, mais de manière plus feutrée, plus secrète. Les responsables de l'association s'approchent très discrètement, noient le sujet dans d'autres actions : « Le sujet est extrêmement sensible. On n'en parle pas », raconte Viviane Fouad, responsable d'un programme initié par le Conseil national de la maternité et de l'enfance et appelé *Free village model*. Le but est d'amener des villages de Haute-Egypte à marquer publiquement

Au pays des pharaons

leur refus de l'excision, selon le modèle developé par l'ONG Tustan au Sénégal et appliqué au Burkina-Faso[1]. Soixante villages étaient concernés par une première campagne dans six gouvernorats en Haute-Egypte : Beni Souef, Menrali, Assiout, Sohag et Assouan ; soixante autres le seront en 2006. L'objectif là aussi est de travailler sur le long terme, en impliquant des ONG locales, en leur donnant à la fois des fonds et des structures de travail.

« Il faut arriver à parler aux femmes. C'est là toute la difficulté. » A Beni Souef, petite ville sans grand charme, desservie par un train brinquebalant, les femmes de l'ONG ont patiemment tissé leurs réseaux. Le mot « excisée » est long à être prononcé. On dit qu'une femme qui ne l'est pas ne va pas trouver de mari, qu'elle va chercher les hommes et courir partout... Le poids de la communauté est très lourd. Pour briser ce silence, il y a plusieurs « entrées » possibles, plusieurs thèmes connexes auxquels le rattacher ensuite : la santé en général, la santé des femmes, les droits de l'homme, la tradition, les stratégies de développement. Chaque fois, une dizaine de militants (militantes la plupart du temps...) s'installent dans un village et vont à la rencontre des femmes.

Mais comment présenter la chose ? Il est impensable d'aller aussi loin qu'en Afrique noire, et de décrire par exemple les organes génitaux féminins. Il faut de même faire très attention au matériel de prévention. Au dispensaire d'El-Marg, dans la banlieue du Caire, une cassette de prévention a été jugée pornographique par l'imam du quartier. Alors on aborde le sujet

---
1. Voir chapitre 4.

autrement, une fois acquise cette première confiance : « Nous donnons des informations scientifiques crédibles, insistons sur le fait que le clitoris est un organe naturel, qu'il a des fonctions. » Des comparaisons faciles sont mises en avant : couper « ça » pour obliger les filles à être chastes, c'est comme couper une main parce que la main est susceptible de voler. On rappelle que les traditions ne sont pas immuables, à preuve l'effacement de certaines d'entre elles : le mariage entre parents, la défloration... Les femmes sont approchées une par une, et réunies ensuite en tout petits groupes. Quand on parle de sexualité, c'est au sens large, pas uniquement de l'acte lui-même. « Nous atteignons beaucoup les jeunes filles. Je suis très fière d'elles. Elles sont très perméables à tout ce que nous leur disons », affirme Viviane Fouad, qui précise : « Les organes sexuels ne sont pas les seuls responsables du désir. Tout cela se passe aussi beaucoup dans la tête. » Un rapport du Conseil national de la maternité et de l'enfance tend à prouver la réussite de cet effort : 52 % des jeunes de dix-huit à vingt-quatre ans auraient pris conscience des dangers de l'excision. Dans les villages de Haute-Egypte, cinq mille manuels ont été distribués. Leur auteur, Mohammed Selim al-Aawa, secrétaire général de l'Association mondiale des oulémas musulmans, y réaffirme que la pratique n'a pas de base religieuse. « Il y faut beaucoup de patience, de confiance pour pouvoir en parler, continue Viviane. Après, en revanche, quand les vannes sont ouvertes, les confidences sont presque intarissables. » Et c'est le même lot de souffrances et de frustrations qui se déroule.

« Il faut ensuite vaincre la pression sociale, ajoute

Au pays des pharaons

Magdi Helmi, directeur de programmes de santé à Caritas. Le groupe, c'est le plus difficile. Les femmes nous le disent : "D'accord, vous m'avez convaincue. Mais convainquez mon mari, ma belle-mère, le cheikh du village." Partout où des familles ont essayé de renoncer sans être en accord avec leur village, la stigmatisation a été trop forte. Nous ne pouvons envisager que des solutions collectives. Sans cela, rien n'avance. Il faut impliquer tout le monde... » Comme cela a été le cas à Binben, le premier village à avoir officiellement renoncé à la pratique de l'excision, démarche qui fut le fruit d'un long cheminement. Il a fallu s'installer dans le bourg, situé à une trentaine de kilomètres d'Assouan, gagner d'abord la confiance des leaders religieux, aussi bien le prêtre que le cheikh soufi, heureusement plus modérés que leurs confrères sunnites. Puis celle des leaders sociaux et politiques : le maire, les responsables d'ONG locales... « Enfin nous en avons parlé aux villageois. La vraie victoire, ç'a été ça : pouvoir en parler. »

Médicaliser

Il reçoit dans sa clinique privée d'Héliopolis, la banlieue chic du Caire. Des patientes voilées avec l'élégance typique des classes supérieures égyptiennes sortent du cabinet de consultation. Le docteur Mounir Fawzi est l'un des gynécologues connus du Caire. Il enseigne à la faculté de médecine de l'université d'Ain Chams, au Caire, et consulte à la clinique Horus de

Victoire sur l'excision

Hadaieq el-Qubba. Il s'exprime dans un anglais excellent et un français plus que correct, souvenir de ses études au collège de La Salle. Le sourire reste un peu méfiant : « Je sais ce que vous allez me demander. »

Sur le mur, une photo de la mosquée du Dôme de Jérusalem voisine avec ses diplômes. L'excision, il est pour. Il la pratique régulièrement dans sa clinique, ne s'en cachant pas, écartant d'un mot le fait que c'est interdit : « Il s'agit d'un décret du gouvernement, pas d'une loi. » Il pousse même le militantisme jusqu'à ne pas faire payer l'opération, pourtant source de réels profits pour sa profession, et a été de ceux qui ont attaqué en 1997 le décret ministériel devant le Conseil d'Etat.

Première raison de son engagement : la foi. « L'excision fait partie de la Sunna, c'est-à-dire du corps des paroles du Prophète. Le Prophète l'a approuvée. Donc le faire, c'est bien. Ça n'est pas obligatoire pour autant : si on ne peut pas, tant pis. Mais si on peut, tant mieux. » Les arguments qui alimentent le débat religieux glissent sur cette conviction. Et si les chrétiens le font aussi, c'est parce qu'en Egypte ils « copient ce qui est bien pour eux, comme ils copient le système d'héritage ».

Le deuxième argument est sexuel. Là encore, le Prophète est désigné. C'est lui qui aurait dit que les problèmes arrivaient quand la fille n'était pas excisée : « Il est très difficile pour une fille qui a pratiqué la masturbation de se diriger vers l'orgasme vaginal quand elle se marie et s'est habituée à l'orgasme clitoridien. L'excision lui permet, en se concentrant sur son orgasme vaginal, de se diriger vers une vie de couple. » Un expert en chirurgie de l'université Al-Azhar,

Au pays des pharaons

le docteur Mohammed Rifat al-Bawwab[1], le rejoint, précisant que les femmes peuvent procéder à leur hygiène intime plus facilement en l'absence d'une partie de leurs organes génitaux : « Le fait que le clitoris soit saillant provoque des frottements contre les tissus, ce qui détourne l'attention de l'adolescente vers des plaisirs non naturels qui pourraient développer chez elle une dépendance anormale et néfaste. Après le mariage, il devient difficile d'empêcher le phénomène de se produire chez une femme qui s'y est habituée. Il ne reste plus qu'à avoir des rapports sexuels anormaux, où le clitoris est volontairement sollicité, vu que la femme s'est habituée à cela, ce qui est cause de dégénérescence morale. L'ablation du clitoris par excision réduit un tel phénomène. De cette façon, la femme préserve son inconscience et trouve le plaisir auprès de son mari de manière naturelle, au moyen de l'organe sexuel mâle, par frottement contre les parois du vagin et le col de l'utérus, et non du clitoris. » En plus, « l'excision empêche beaucoup d'infections, et limite les cancers de la vulve ».

Le docteur Fawzi reste un exciseur modéré : il est contre l'infibulation, et veut, comme le demande le Prophète, « réduire et non détruire ». « L'ablation intégrale de l'organe source du plaisir féminin entre en contradiction directe avec la Sunna parce qu'elle peut entraîner des maladies et des complications psychologiques chez les filles. » D'où l'obligation d'avoir recours à un vrai médecin, et non plus aux accou-

---

1. A l'exception de celles du docteur Fawzi, recueillies au Caire, les déclarations citées jusqu'à la fin de ce chapitre sont extraites de l'article de B. Chernitski, « La controverse sur l'excision en Égypte », *Memrii*, novembre 2003.

cheuses traditionnelles, comme c'était le cas jusque-là : « C'est la clandestinité qui a créé des problèmes autour de l'excision. »

Le débat sur la médicalisation de l'excision reste très vif. « Nous avons eu le tort, raconte Magdi Helmi, de centrer notre combat sur les conséquences sanitaires de l'opération. Du coup, les gens se sont dit : "OK, faisons-le à l'hôpital." Et les médecins, pour qui l'activité peut être très rentable, se sont précipités sur l'argument. Cette approche nous a aussi fait perdre en crédibilité : les femmes excisées qui n'avaient connu aucune complication se disaient : "Mais qu'est-ce qu'il raconte ?" » Un sondage est révélateur de cette tendance à demander au médecin ce qu'on sollicitait avant des *dayas*. En 1995, 82 % des femmes continuaient d'exciser leurs filles, et 17 % le faisaient chez le médecin. En 2000, 75 % d'entre elles pratiquaient encore, mais 61 % chez le docteur. En 2003, le premier chiffre tombait à 71 %, le second s'élevait à 80 %[1].

Le dernier argument du docteur Fawzi est patriotique : « Tout en Egypte repose sur la famille. Tenter de faire que la sexualité devienne chez nous ce qu'elle est en Occident est un plan pour la détruire. La lutte contre l'excision est un élément de ce plan. Qui, en 1997, a voulu interdire l'excision ? Certainement pas les Egyptiens, qui lui sont tous favorables. Mais bien les étrangers, surtout les Américains, qui ont mis ce sujet sur le terrain. » Cet argument fut beaucoup repris. Ainsi, Ahmed Abd el-Rahman, écrivain, pense-t-il que « l'absence d'excision ouvre la porte à la dépravation et à la prostitution, comme en Occident,

---

1. Chiffres du National Health and Survey Council.

où l'on ignore cette nécessité humaine normale. Voulons-nous ressembler à l'Occident ? Les spots contre l'excision diffusés à la télévision ces jours-ci sont répugnants parce que contraires à la Loi islamique. Leur objectif est de détruire la famille musulmane et de dégrader la société égyptienne. »

Pour le docteur Mohammed Abou Leila, « la campagne médiatique dont nous sommes témoins aujourd'hui fait tout simplement partie intégrante d'un complot pour détruire le cadre de la société islamique. L'interdiction de l'excision prépare le terrain à l'interdiction de la circoncision. L'Occident n'admet aucune forme de circoncision, ni celle des filles ni celle des garçons. Cela conduit à la propagation du sida. » Le cheikh Mustafa al-Azhari, influent prédicateur islamique, abonde en ce sens : « Il s'agit d'une campagne douteuse ayant pour unique objectif de répandre la promiscuité parmi les musulmans. Les médias égyptiens n'auraient pas dû collaborer à ce crime, planifié par les Etats-Unis et bénéficiant du soutien de l'Occident. »

Et l'idée de la réparation dans tout cela ? Fawzi l'exécute d'un laconique « Stupide ».

Religion

Cette unanimité avancée par le docteur Fawzi n'est pourtant pas tout à fait juste, même au plan religieux. L'imam d'Al-Azhar, le cheikh Mohammed Sayyed Tantawi, s'est prononcé contre l'excision. Il a révélé que sa propre fille n'avait pas été excisée. Mais Tantawi, surnommé « Saïd OK » par la population, est tellement aux ordres du gouvernement que sa crédibilité en a été fortement entamée. Abdel Meneim Aboul Fotouh, responsable de la confrérie des Frères musulmans et secrétaire général du syndicat des médecins, est convaincu lui aussi que la religion ne recommande nullement l'excision. Amr Khalid, prêcheur très populaire auprès des jeunes, nie la nécessité religieuse de l'excision, et le dit aussi bien à la télévision que sur les sites Internet islamiques. Le patriarche copte Chenouda III (rappelons que les chrétiens excisent tout autant que les musulmans) les a rejoints dans ce déni. Et le Conseil d'Etat égyptien a motivé par des références religieuses claires son décret de 1997 : « L'excision des filles n'est pas un droit individuel prévu par la loi coranique car il n'y a rien dans le Coran l'autorisant et rien de catégorique dans la Sunna regroupant les dires et traditions du Prophète. » L'ancien cheikh d'Al-Azhar Mahmoud Shaltout rappelle le principe religieux général selon lequel il est interdit de faire souffrir une créature vivante, sauf si cela est nécessaire pour qu'elle en tire un bien supérieur, comme dans le cas d'une intervention chirurgicale. Les critères, hygiéniques surtout, qui s'appliquent à la circoncision masculine ne sont pas valables pour l'excision, qui n'est pas une obligation de la Loi islamique. En revanche, il ne pense pas que l'excision affecte le désir féminin, qui ne dépend que de la forme physique des femmes et de leur système endocrinien.

Le mufti de la République Nasr Farid Wassel se maintient dans une prudente expectative. « La Sunna n'exige pas plus l'excision qu'elle ne l'interdit. L'islam laisse décider les personnes compétentes en la matière – c'est-à-dire les médecins. »

Au pays des pharaons

On a vu que ces derniers étaient eux aussi plus que partagés. Mais beaucoup affirment la nécessité de la mutilation. Ainsi le docteur Ahmed Suleiman, de l'université du Caire : « L'excision est source de pudeur, d'honneur et d'équilibre psychologique. » Le cheikh Youssef al-Qaradhawi, guide spirituel des Frères musulmans, extrêmement écouté dans l'islam sunnite, joue la modération sans attaquer le principe. Une excision partielle, dont il laisse aux parents la possibilité de juger la pertinence, lui paraît une solution adaptée au monde actuel : « Ceux qui considèrent que l'excision est le meilleur moyen de protéger leurs filles devraient l'appliquer. J'y suis favorable, surtout à notre époque. Mais ceux qui n'y procèdent pas ne sont pas considérés comme des pécheurs, car il ne s'agit que d'accorder un mérite supplémentaire à la jeune fille, ainsi que l'établissent les savants de la religion et l'un des hadiths (...). » Le docteur Mohammed Abou Leila, conférencier en recherche islamique à l'université Al-Azhar, estime que « le Prophète a confirmé cette coutume, dont nous avons hérité en tant que musulmans. Il a défini quelques conditions humaines et scientifiques à son application afin que nous ne heurtions pas l'humanité de la femme et que le mari ne soit pas épuisé après les rapports sexuels ». Selon le docteur Ahmed Youssouf Suleiman, conférencier en droit islamique à l'université du Caire, « l'excision ne peut provoquer la frigidité chez la femme. Depuis de nombreuses générations, les musulmans pratiquent l'excision tout en ayant une vie conjugale épanouie ». Alors...

Conclusion

Et maintenant ? Une chose était de trouver la solution chirurgicale à un problème médical donné, une autre de s'engager dans l'abolition d'une pratique. Ce chemin, Pierre Foldes l'a désormais fait. « Au départ, ma démarche était intellectuelle : j'étais face à une pathologie, que pouvais-je faire ? Cette pathologie, de plus, était créée par l'homme. Ce n'était pas une fatalité, comme la poliomyélite ou le choléra. En avançant, j'ai découvert l'étendue de la souffrance : identité, représentation de soi, vie quotidienne, vie de couple... C'est en se rendant compte de cette douleur réelle qu'on devient militant. On relie ça au crime, et on passe au-dessus de l'intellectuel. A Médecins du monde, il y a quelques années, on me disait de faire attention, de ne pas mélanger la lutte contre l'excision avec ces tentatives de réparation. Ça m'avait paru logique au départ : je répare sans dire que l'excision c'est mal, et je laisse à d'autres, plus qualifiés, le soin de s'engager. Mais c'était laisser de côté la dimension du témoignage. Témoigner est capital. Aller traiter le sida en Birmanie, c'est bien. Ne pas dire que les militaires birmans répandent le sida par l'héroïne, c'est faillir à son devoir. Ne pas répéter ce que m'ont fait comprendre les dizaines de femmes excisées que j'ai vues aurait été faillir. Le témoignage est une arme extraordinaire, dont il faut se servir. Je suis actuellement à fond dans la transmission de ce savoir. Pas le savoir de la réparation. Le savoir de la souffrance. »

Son combat l'a amené à rencontrer plusieurs mouvements féministes, mouvements desquels il se sent de plus en plus proche même si ses premiers contacts avec eux n'ont pas toujours été concluants. Ainsi, avec Médecins du monde Belgique qui lançait une grande campagne sur les femmes afghanes et leurs problèmes d'accès aux soins, a-t-il dû la présenter devant le fameux cercle des amazones, des féministes lesbiennes farouchement anti-hommes. Expérience unique : en principe seules des femmes parlent en public chez les amazones. « J'ai dû faire un exposé de trois quarts d'heure devant une salle peuplée de femmes, avec comme seul homme un journaliste frissonnant caché au fond de la salle. J'étais très mal à l'aise, car je sentais une agressivité de principe. Quoi que je puisse dire ou faire, j'étais suspect, voire condamné. J'ai rencontré ce même état d'esprit plus tard chez Taslima Nasreen, elle aussi une de ces féministes confrontées à de tels extrémismes qu'elles en deviennent fanatiques. »

Ce sont d'autres militantes que son travail contre l'excision doit forcément l'amener à côtoyer plus tard. En premier lieu, le GAMS, qui s'inquiète de savoir si son combat ne risque pas de parasiter la lutte en faisant passer l'idée que, finalement, puisqu'elle se répare, l'excision n'est pas aussi grave que cela. Ils en discutent longtemps, avant de se mettre d'accord sur

Conclusion

le fait que le risque est mineur. Puis Amnesty International, qui s'engage beaucoup sur ce thème, et Ni putes ni soumises, dont il apprécie énormément la démarche : « Ce sont des femmes victimes qui se prennent en charge, et savent de quoi elles parlent, avec un discours très constructif car il essaie d'aller aux racines du mal, pas seulement de se cantonner à une attitude anti-hommes. C'est éminemment responsable. » Viennent ensuite les avocates qui luttent contre les mutilations, les femmes qui se constituent partie civile et ont une approche différente de celle des médecins. « Le passage à un débat plus politique est très intéressant car cela désexualise le thème et le rend plus accessible au plus grand nombre. » Il réalise que les médecins ont laissé passer un certain nombre d'opportunités, et qu'il leur faut maintenant se mettre à la hauteur des juristes.

Cette évolution de son engagement va de pair avec le développement de sa méthode. Parti d'une simple réparation de l'excision, il a été amené à répondre à d'autres demandes, comme la réparation des mutilations associées à l'excision (l'infibulation par exemple) et la réparation de ses séquelles. « L'idée est d'étendre la démarche thérapeutique à une réparation globale de l'ensemble des lésions. » La reconstruction des petites lèvres, par exemple, qu'il ne savait pas faire au début, est aujourd'hui possible. « Plus le nombre de mes patientes augmente, plus j'apprends et plus je progresse vers une restitution de l'intégrité totale du sexe féminin. » A ses côtés, des sexologues, des psychologues, d'autres médecins (Catherine

Solano, Marc Ganem, Bernard-Jean Paniel, le professeur Magdalena à Bichat...) vont l'aider à prendre en charge les autres aspects de la mutilation. La communauté médicale, chirurgicale, gynécologique, longtemps sceptique, commence à lui emboîter le pas, à la suite de ses publications, de ses participations à des congrès, etc. Un nombre grandissant de patientes lui sont envoyées par des collègues, chirurgiens gynécologues, centres de PMI, ou médecins du planning familial. Ce réseau permet de sortir de l'expérimentation pour se rapprocher d'un mode de fonctionnement normal. Il espère vite pouvoir préparer le suivi, ne plus absorber tout seul la masse des consultations postopératoires.

Il veut maintenant dépasser cette problématique de la mise en place et s'engager sur celle, plus générale, des violences faites aux femmes. « Le discours de ces femmes m'a permis de découvrir ou de mieux comprendre qu'elles étaient également victimes de discriminations, de violences conjugales, de mariages forcés. Ces faits un peu théoriques se sont matérialisés dans mon cabinet de consultation. Je veux les raconter. » Son évolution militante, suite de la diffusion de sa technique de réparation, lui a permis de faire partager son combat. Il a ainsi rencontré Luc Frémiot, procureur de la République de Douai, qui a inscrit comme première priorité dans sa circonscription les violences faites aux femmes, imposant l'idée de convoquer le mari fautif et non plus la femme battue au commissariat, de lui permettre de porter plainte dès la première fois au lieu de se retrouver condamnée à

Conclusion

la seule main courante... Le système marche bien, et Pierre Foldes a l'intention d'aller en parler au procureur de Versailles. « Un médecin a sa place là-dedans. La médecine, c'est d'abord écouter des gens, un dialogue singulier qui permet l'expression de souffrances ou de revendications tues ailleurs. Le problème dans tout ça, c'est que les femmes n'ont pas eu la parole. »

Cette parole, il continue de la leur offrir dans sa clinique quand il introduit dans son cabinet une femme noire, s'assoit en face d'elle et, gardien de l'espoir, attend qu'elle prononce les premiers mots qui la ramèneront vers son intégrité : « Docteur, il y a longtemps, quelqu'un m'a coupée »...

Post-scriptum

par Pierre Foldes

En fait, dans cette histoire, la clé a été de laisser sa chance à la médecine. La médecine est une forme privilégiée de rencontre de l'être humain, une « voie d'accès » à l'intégralité d'une personne, à sa santé au sens large, et en particulier à sa dignité.

Au Burkina-Faso, ce ne sont ni la tradition ni la fatalité qui se sont exprimées, mais la douleur.

Là se situe le nœud de la démarche médicale, en particulier humanitaire, l'entente d'un appel.

Dès lors que cet appel est entendu dans le cadre du dialogue singulier par le médecin, la mutilation sort de son contexte traditionnel et de son formatage sociétal.

Là est le point de sortie, là est le progrès, là démarre le processus de réparation. La suite n'est qu'un décodage technique : recherches, anatomie, physiologie, analyse, élaboration de la réponse chirurgicale.

La réparation est finalement le seul fruit de l'écoute.

Le reste revient à la parole des femmes. C'est à elles de dire ce qu'elles ont toujours tu, et à crier l'espoir de leur guérison.

C'est le refus frontal de la mutilation qui a ouvert la voie.

Bibliographie

Tout ce qui a été écrit sur l'excision avant moi a abondamment nourri la partie plus théorique de cet ouvrage. Je l'ai puisée en majorité aux sources suivantes :

Séverine Auffret, *Des couteaux contre les femmes*, Ed. des Femmes, 1982.
Sami Awad Aldeed Abu-Sahlieh, *Circoncision masculine, circoncision féminine*, L'Harmattan, 2001.
Françoise Couchard, *L'excision*, « Que sais je ? », PUF, 2003.
Waris Dirie et Cathleen Miller, *Fleur du désert*, Albin Michel, 1998.
Mircea Eliade, *Forgerons et alchimistes*, Champs-Flammarion, 1977.
Isabelle Gillette-Frenoy, *L'excision et sa présence en France*, GAMS, 1992.
Marcel Griaule, *Dieu d'eau*, Fayard, 1966.
Benoîte Groult, *Ainsi soit-elle*, Grasset, 1975.
Hérodote, *Enquête*, Gallimard, 1964.
Franziska Hosken, *The Hosken report : genital and sexual mutilation of females*, Win News, Lexington, 1973.
Jomo Kenyatta, *Au pied du mont Kenya*, Maspero, 1973.
Jacques Lantier, *La cité magique*, Fayard, 1972.
Bettina Shell-Duncan et Ylva Hernlund (dir.), *Female cir-*

cumcision in Africa : culture, controversy and change, Boulder, 2000.
Awa Thiam, *La parole aux négresses*, Denoël-Gonthier, 1979.

J'ai également utilisé les articles suivants :

Denis Diderot, article « Clitoris », in *Encyclopédie : Dictionnaire raisonné des sciences, des métiers et des arts.*
Marie Bonaparte, « Notes sur l'excision », in *Revue française de psychanalyse*, PUF, 1948.
Sylvie Fainzang, « L'excision ici et maintenant », in *Les mutilations du sexe des femmes aujourd'hui en France*, Ed. Tierce, 1984.
Les couvertures faites des procès d'exciseuses par Blandine Grosjean pour *Libération*, Frédéric Chambon pour *Le Monde*, Virginie Fauroux pour *Le Figaro*, Emmanuelle Reju pour *La Croix*, Claudine Proust pour *Le Parisien*.
Les articles de Falila Gbadamassi pour Afrik. com ; de Boubakar Traoré, « Ne condamnez pas l'excision », Afrik.com, 18 février 2003.
Geneviève Calame-Griaule, « L'exciseuse est-elle une criminelle ? », in *Le Monde*, 12 février 1999.
B. Chernitski, « La controverse sur l'excision en Egypte », *Memri*, novembre 2003.

Et les revues :

Maintenant, n° 6, 16 avril 1979.
Présence africaine, n° 160, 2ᵉ semestre 1999.
Afrique contemporaine, n° 196, octobre 2000.

Remerciements

Isabelle Gillette-Faye et le GAMS m'ont à la fois reçu et ouvert leurs archives : qu'ils en soient remerciés, ainsi que Linda Weil-Curiel, Catherine Solano et les nombreuses patientes du docteur Foldes qui ont accepté de me dire ce qui n'était pas toujours facile à exprimer.
  Je remercie pour leur aide au Burkina-Faso les membres du CNLPE : Hortense Palme, Alphonsine Sawadogo, Zakari Congo ; les gens de Mwangaza action : Aminata Ouedraogo, Drissa Sawadogo, Antoine Sarron. En Egypte : Marie Assad, Mona Bur, Claude Guibal, Viviane Fouad, Maguid Helmi Mounir Fawzi, Camilla Landini, Ladia Rami.

H. P.

Je tiens à remercier ma famille, qui a su supporter mes absences ; les médecins qui ont pris le risque de me faire confiance : Alain Deloche, Maurice Camey, Bernard-Jean Paniel, Pierre-Jean Cousteix. Je remercie enfin les confrères et les personnels de la clinique Louis XIV et de l'hôpital de Saint-Germain-en-Laye qui ont accompagné et permis mon engagement.

P.F.

Table

Préface de Bernard Kouchner	9
Introduction	17
1. « On va te couper quelque chose »	21
2. Un parcours humanitaire	37
3. Sa première patiente	77
4. L'exemple burkinabé	107
5. Un procès en France	133
6. Pourquoi ?	153
7. « Bonjour, docteur »	169
8. Et après ?	189
9. Au pays des pharaons	209
Conclusion	225
Post-scriptum par Pierre Foldes	231
Bibliographie	233

Du même auteur

Essais et documents

La vie quotidienne en Colombie au temps du cartel de Medellin, Hachette, 1992.
Sans domicile fixe, Hachette, 1993 ; Pluriel, 1997.
Une mort africaine, Seuil, 1995.
Lourdes, sa vie, ses œuvres, Hachette, 1997.
Le curé de Nazareth, Albin Michel, 1998, prix Spiritualités d'aujourd'hui, 1998.
Partis sans laisser d'adresse, Seuil, 2001 ; J'ai lu, 2003.
La cage aux fous, Librio, 2002.
Comme un veilleur attend la paix, Albin Michel, 2002.

Romans

La colombe blanche, Le Masque, 1998.
L'œil de Diderot, Librairie des Champs-Elysées, 1998.
Le cauchemar de d'Alembert, Librairie des Champs-Elysées, 1999.
La nièce de Rameau, Librairie des Champs-Elysées, 1999.
L'assassin de Bonaparte, Le Masque, 1999 ; Livre de poche, 2001.
Leila la nuit, Le Masque, 2004.
Le baiser de Judas, Grasset, 2004, prix Jean d'Heurs du roman historique 2004 ; Livre de poche, 2006.
La mort de l'amie, Stock, 2005.
Doubles faces, Belfond, 2005, prix des Editeurs 2005.

Composition Nord Compo
Impression : Imprimerie Floch, janvier 2006
Éditions Albin Michel
22, rue Huyghens, 75014 Paris
www.albin-michel.fr
ISBN 2-226-16804-4
N° d'édition : 24005. – N° d'impression : 64752
Dépôt légal : février 2006
Imprimé en France